BCN-Brussel.les-Washington. Meditacions Catosfèriques

Josep SORT i JANÉ
(http://blocgran.cat/?author=7)

BCN-Brussel.les-Washington.
Meditacions catosfèriques

Foto de portada:
Manifestació 7 de març 2009 a Brussel.les (J. Sort)

©Josep Sort i Jané
Primera edició: Juny 2010
ISBN 978-1-4457-8595-0

ÍNDEX

PRÒLEG
per Quico Ventalló

Què us diré que no sabeu?. L'autor d'aquest recull d'articles, si més no, és persona compromesa, però això no basta. El compromís sense substància té la lividesa d'una fulla d'enciam. En Josep Sort, ideològicament, és l'antítesi d'aquell fràgil vegetal. No deixa indiferent. És per això que, des del dia que vaig descobrir el seu bloc, m'he convertit en fidel lector seu. Diu el que pensa i pensa el que diu. És punyent, clar i precís. M'agrada.

En Josep Sort és blocaire de referència i catosfèric de primera línia. Cal dir que el gran mèrit de la Catosfera, des d'una perspectiva nacional, ha estat esdevenir eina útil de combat per trencar el monopoli informatiu dels magnats de la comunicació -majoritàriament espanyolistes-. Els blocs ens han permès publicitar allò que ells volen amagar i replicar-los quan ens volen fer passar bou per bèstia grossa. El bloquisme és un instrument potentíssim per l'alliberament nacional. Catalunya serà lliure i blocaire o no serà. La irrupció de la catosfera a representat l'embranzida definitiva de l'independentisme.

L'adoctrinament dels mitjans espanyolitzadors havia convertit el poble català en émul de l'ínclit **Sir Pierre Louis de Cavagnari**, que va rebre la seva mort des de la inòpia més absoluta: es tracta del famós episodi protagonitzat per l'enviat britànic a l'Afganistan, l'any 1879, Sir Louis Pierre de Cavagnari, el darrer missatge del qual, enviat desde la seva Residència a Kabul la vigília de ser massacrat, ell i la totalitat dels seus setanta-cinc homes, i que ha passat a la història per la seva clarividència: "*Per aquí tot bé*".

Quedi doncs clar, que el nostre silenci és la seva victòria i la informació la nostra arma més eficaç. Agafeu els teclats i escriviu, no us faci recança!. El desig de llibertat implica acció. Com deia el poeta i il.lustrador William Blake: "*tot desig no seguit d'acció engendra la pestilència*". No ens podem permetre, com a catalans, doncs, ser insalubres.

Per acabar, recomenar-vos que, com va fer Sherezade amb el soldà -llegint i escrivint fins rescabalar-se de la mort-; llegiu i rellegiu els articles d'aquest recull fins despertar les consciències. L'objectiu de independència per la nació catalana s'ho val.

Gaudiu de la lectura!

Quico Ventalló, blocaire

(http://tristanydepinos.blogspot.com)

PRESENTACIÓ

"Des de fa 500 anys els catalans hem estat uns imbècils.
Es tracta, doncs, de deixar de ser catalans?
No. Es tracta de deixar de ser imbècils"

Joan SALES (1912-1983)

Aquest recull de posts té eminentment un caràcter experimental. Ja sé que, com deia aquell, els experiments s'han de fer amb gasosa i a casa teva. Però és evident que *aquest* experiment no comporta cap perill per a la salut pública.

En aquest llibre recullo els posts que vaig penjar al llarg de l'any 2008 al **Bloc Gran del Sobiranisme** (BGS), una experiència que encara avui en dia és viva, però considero que molt allunyada dels seus plantejaments inicials. Que no vol dir ni millor ni pitjor, sinó diferent.

Quan se'm va demanar si hi volia participar, era en un context polític molt concret, on la necessitat de crear una iniciativa independentista transversal era àmpliament compartida per tots els qui en aquell moment ens hi implicàrem. Aquest "tots" es refereix, per ordre de publicació (de dilluns a diumenge): en **Víctor Terradellas**, en **Manel Bargalló**, en **Josep Sort**, en **Xavier Mir**, en **David Morgades** (impulsor del projecte), l'**Enric Canela** i en *Joan Arnera*. Naturalment també cal esmentar, en la part tècnica, l'**Ana Águila**.

L'èxit de la iniciativa va ser força important i el nombre d'accessos de seguida es va enfilar. Però probablement la part més interessant, naturalment, va ser el diàleg que es va generar a través dels comentaris. D'alguns dels posts que vam escriure es van generar literalment, centenars de comentaris. Això va donar lloc a la formació d'un segon

7

cercle d'actors, els dels comentaristes assidus o puntuals, amb alguns dels quals he acabat fent amistat, teixint complicitats i, no es pot obviar, mantenint diferències més o menys intenses.

El BGS també va tenir un paper inicial en la preparació de la *Manifestació del 10.000 a Brussel.les*, de manera que en el nostre haver hi ha un granet de sorra d'un dels esdeveniments més importants que es van donar al llarg del 2009. Sense voler assumir, ni de lluny tot el protagonisme, fet que ratllaria el ridícul, sempre he tingut la satisfacció personal que un dels posts que es troben en aquest recull, concretament *BCN-Brussel.les-Washington*, va ser conjuntament amb altres dels meus companys de capçalera, un dels detonants de la iniciativa.

Com ja he dit més amunt, el BGS com a projecte, tenia com eix central, la transversalitat, i els plantejaments crítics amb l'actuació tant de CiU com d'ERC, malgrat que alguns dels implicats hi militaven -certament no en el meu cas. Hi havia, doncs, clarament establerta, una fita on es volia arribar. Tot i que considero que es va estar molt a prop d'assolir-se, finalment no s'aconseguí. Això no obstant, el primer any de vida del BGS va ser d'una enorme intensitat i d'un impacte considerable. Una anècdota que ho demostra és que a la manifestació de Brussel.les, un dels assistents em va reconèixer com *"el del dimecres del Bloc Gran"*, fet que es tornaria a repetir el dia de **l'Acte de Sobirania** que es va celebrar davant del Parlament del Parc.

Atès que sóc l'únic dels iniciadors que continua actiu, em sento a voltes com el darrer dels mohicans. La resta per diverses raons, ho han deixat estar. A tots ells, als companys que els substituïren i naturalment als comentaristes i lectors anònims que han donat vida el BGS, els dedico aquest llibre, aquest experiment.

Juny 2010

8

PER UNA POLÍTICA INDEPENDENTISTA

2 juliol, 2008 |

Em fa una enorme il.lusió iniciar aquesta col.laboració setmanal. I això per diverses raons. En primer lloc, perquè és un projecte col.lectiu on també participen persones a les quals respecto i fins i tot admiro. Són persones que he conegut únicament i exclusiva a través de la xarxa, i que molt probablement, sense ella, no hauria conegut mai. Qui diu que internet crea individus asocials?

En segon lloc, perquè em permetrà exposar les meves idees o propostes a una audiència espero que força extensa i interessada. I això, no ho dic per aconseguir més reconeixement i eventualment, "fama", sinó perquè és necessari que els independentistes catalans debatim entre nosaltres sempre de manera constructiva.

I això em porta a un tercer motiu. Aquest projecte que ara comencem, parteix d'una idea de base que jo considero clau. I aquesta és la de que de sobiranistes o independentistes n'hi ha de moltes ideologies: en tenim de demòcratacristians, liberals, socialistes, socialdemòcrates, comunistes i fins i tot d'anarquistes. Aquesta riquesa ideològica del sobiranisme català, sovint s'ha intentat amagar. I això no és sa. No ha d'existir un monopoli ideològic del sobiranisme. Una nació no és una classe social, ni una empresa, ni una església, ni un sindicat. És molt més que tot això, i molt més complex. El repte és com arribar a consensuar una proposta sobiranista de caràcter transversal que no deixi ningú al marge, tret d'aquells que, naturalment, en vulguin quedar marginats. És a dir, dels que apostin per Espanya, és a dir, els espanyols.

Un cop assenyalades les raons per les quals m'il.lusiona participar en aquest projecte, passo ara a explicar, molt breument, com penso enfocar les meves col.laboracions.

En primer lloc, la meva col.laboració consistirà en una defensa abrandada de tota política independentista.

M'explico. Darrerament s'han sentit algunes declaracions que vénen a dir que és independentisme allò que fan els independentistes. I penso que no és ben bé així. Fer política independentista és partir de la constatació que la independència, lluny de ser un somni, és una necessitat material inajornable, de manera que es tracta d'implementar les mesures adients per assolir-la de la forma el més immediata possible. Res de deixar passar deu, vint, trenta anys. Res de fantasmagòriques estacions federals o insostenibles patriotismes socials. I considero que és inajornable, precisament, perquè la submissió política i l'espoli econòmic a la qual estem sotmesos els prop de 14 milions de catalans i catalanes, no té paral.lel enlloc del món, si més no, del món desenvolupat. Fer política independentista, és doncs, jugar-se-la. Pels nostres fills, i pels fills dels seus fills. I naturalment, per nosaltres mateixos, per mi mateix, perquè vull viure i vull morir en una terra lliure, sense ser esclau d'Espanya.

En segon lloc, ja anuncio que, de forma puntual, alguna de les meves col.laboracions seran escrites en llengua anglesa. La raó és ben evident. Només aconseguirem la independència si comptem amb el suport de la comunitat internacional. Això s'ha vist molt clar en el cas de les accessions a la independència darreres (Montenegro, Kossova), i encara es veurà més clar en les processos actuals d'independència, a Escòcia, Flandes, el Quebec o a Euskalherria. Catalunya no podem quedar al marge, i per això, és imprescindible que difonguem els nostres plantejaments directament, sense mitjancers, que sovint no comparteixen els nostres objectius polítics. I per això cal que els independentistes catalans siguem capaços de comunicar-nos amb la comunitat internacional en la llengua franca actual d'aquesta comunitat, que no és altra que l'anglès.

Finalment, en aquesta col.laboració, tractaré, des del punt de vista temàtic, moltes qüestions, però, particularment posaré molt èmfasi en aquells elements que caracteritzen un estat, i que l'autonomia no proporciona de cap manera. M'estic referint, naturalment a àmbits com les relacions diplomàtiques, la defensa i la seguretat, el poder judicial. Ja fa molt temps que recullo reflexions al respecte i penso que ara és el moment de donar-les a conèixer, si més no les més madures.

Bé de moment, això és tot. Espero que aquest primer post us hagi interessat i que al llarg de les properes setmanes poguem mantenir un debat constructiu al voltant de tot plegat.

L'ESTATUT NAZI D'ARAGÓ

9 juliol, 2008

Històricament, l'Aragó és un territori amb uns lligams molt intensos amb Catalunya. Són lligams no tant d'ordre cultural i lingüístic, com els que tenim amb Occitània, sinó més aviat d'ordre polític i institucional. Des del segle XII fins al XVI, les nostres històries van anar paral.leles.

Tant el Regne com els Comtats vam participar en la conquesta de les Illes i de València. També en l'expansió cap al Mediterrani central i oriental. Després, però, la cosa es va començar a tórcer. Naturalment coincidint amb el procés de castellanització de l'Aragó. Avui en dia, per exemple, la llengua aragonesa ha estat literalment esborrada de la major part de comarques, i només malviu als Pirineus. Per contra, el castellà/espanyol s'ha imposat arreu on ha pogut. El mapa adjunt així ho mostra.

També al País Valencià interior, les comarques colonitzades o repoblades pels aragonesos (l'Alt Millars, La Foia de Bunyol, Els Serrans, l'Alt Palància, i el Racó d'Ademús), ja fa segles que no es parla aragonès i sí en canvi

11

castellà (d'aquí la denominació de comarques **xurres**, en referència a l'ovella castellana), un castellà, per cert, amb influències aragoneses i catalanes.

Però tornant a l'Aragó, les elits locals progressivament es van anar incorporant al projecte nacional espanyol, i no només això, sinó que assimilaren la **ideologia de masses** per excel.lència de l'espanyolisme, que no és altra que la **catalanofòbia**, tal i com en el seu dia va escriure el sociòleg andalús **Javier Pulido** (1), la feren seva i en certa manera interioritzaren el rol de ser l'avantguarda, per raons de proximitat, en la lluita contra el catalanisme. En aquest sentit, alguns dels principals atiadors catalanòfobs han estat aragonesos. I això continua passant avui en dia, com és de sobres conegut, i no cal ara ser massa explícits al respecte -ni que sigui per higiene.

Més encara, tal i com en el seu moment va estudiar **Josep Benet** en la seva anàlisi sobre l'intent de genocidi cultural de Catalunya pel Franquisme, els franquistes aragonesos van exigir l'annexió a l'Aragó de la província de Lleida, uns, o les comarques de l'Ebre, els altres, per tal d'aconseguir una sortida al mar (2). Cent anys abans, ja havien aconseguit que les comarques de ponent del Principat fossin segregrades i incorporades a les llavors recentment creades *províncias*.

Actualment a la comunitat autònoma d'Aragó hi viuen més de prop de 60.000 catalanoparlants en 65 municipis , als quals el nou estat d'autonomia d'Aragó no els reconeix cap dret lingüístic i en tot cas es remet a una hipotètica Llei de Llengües, l'esborrany de la qual hi ha fa anys que existeix, però no hi ha daixonses per portar-la a les Corts d'Aragó. Ara, segons diuen, esperen que passi l'Expo de Saragossa, és a dir, fins al setembre.

Us imagineu quina n'armarien els nostres *ciudadanos*, si als estatutets, més aviat nyaps, de la CAC, de la CV o de la

CAIB, no es mencionés la suposada -i falsa- *lengua común*?

I el pitjor de tot és que ni el govern Montilla, amb el seu flamant vicepresident com a *bodyguard* (a kind of...), ni el Parlament del parc, amb el seu futbolístic president, han mogut un dit per presentar un recurs d'inconstitucionalitat contra l'esmentat nou estatut de l'Aragó... mentre que els espanyols de tot arreu s'han posat les botes i n'han presentat 8, si no m'erro, contra el nyap català -que, dit sigui de passada, espero que el matxaquin de dalt a abaix i d'esquerra a dreta, sense deixar-se els davants i els darreres.

Ben mirat, però, i acabo, més que al Tribunal Constitucional espanyol, on s'hauria de denunciar l'intent de genocidi cultural del català a l'Aragó, no és a instàncies espanyoles, sinó internacionals: la UNESCO, o l'ONU. I ja va sent hora.

UN PAS ENDAVANT, MALGRAT TOT

16 juliol, 2008 |

És una actitud situada a les antípodes del pensament liberal, que valora per damunt de tot la capacitat d'arriscar-se, i quan s'ha caigut, no la lamentació i el plor, sinó la fermesa de tornar a aixecar-se i a plantar cara... encara que tornis a caure, de nou. Un individu que s'hagi arruïnat tres vegades, tindrà moltes més possibilitats d'obtenir un nou préstec als Estats Units que a Catalunya. La raó és ben senzilla: es valorarà molt més la capacitat de refer-se, la tenacitat i s'espera, que sabrà aprendre dels errors passats.

La moral convergent, també és profundament acomplexada. Naturalment, respecte els sociates, que els passen per la cara que ells són estadistes (Narcís Serra, dixit), mentre que els convergents, són quatre pagesos emprenyats i rondinaires (estereotip darrerament difòs per

13

l'Enric Juliana). Aquest atac fa mal als convergents i llavors fan tot el possible -i l'impossible- per presentar-se com a cosmopolites... fins que cauen sovint en el més absolut dels ridículs.

Tot plegat fa que molt convergents identifiquin la independència i els independentistes, no amb la llibertat i la normalitat, com passa arreu del món, sinó amb la rauxa, la inseguretat, el localisme, l'anar amb una sabata i una espardenya...

Em refereixo, és clar, al convergent de base, aquell que per no caure en una depressió, s'alegra del triomf de la selecció espanyola, perquè d'aquesta manera s'estalvia el patiment. Molt convergent votaria per la Independència... si fos gratis, naturalment... I els espanyols, que els tenen apamats, no fan més que dibuixar escenaris apocalíptics de sang i fetge, de mort i gana... I els altres s'ho empassen tot i tot i llavors corren a buscar refugi en un Duran qualsevol o en un Montilla, que juguen la carta de la moderació, de la tranquil.litat i els bons aliments.

Bé, tenint present que aquesta és la moral convergent, i tenint present que no se'ls podia demanar gaire cosa més, penso que el darrer Congrés de CDC, ha estat, malgrat tot, un pas endavant. No s'ha acceptat la paraula Independència, però sí que la direcció va cap a la sobirania i la lliberat. Potser caldrà esperar al 16è congrés, el 2012, per fer el pas definitiu. Potser caldrà que escocesos, bascos, flamencs, obrin ells primer el camí, perquè després els porucs convergents, gosin fer dos o tres passos més, i trenquin el cordó umbil.lical que els lliga amb Espanya. Vull felicitar, per acabar, el meu company de capçalera, en Víctor Terradelles, sense cap mena de dubte, un dels triomfadors del conclau, perquè va aconseguir aprovar una esmena que es referia a la plena llibertat de Catalunya, o quelcom semblant. Per contra, els sectors més espanyolistes, han quedat clarament bescantats. I és que en David Madí, una altra vegada, la va encertar, quan va pronosticar que aquesta gent, s'avorriria mooolt al Congrés. I tant que es van avorrir!

MEDITACIONS CATOSFÈRIQUES

23 juliol, 2008 |

La catosfera està demostrant que la seva aportació a l'enriquiment del sistema polític,mediàtic i cívic català, és cada cop més rellevant. Escric aquest article des d'Austin, a Texas, on assisteixo a la trobada anual de la **Netroots Nation**, formada pels blocaires progressistes favorables, naturalment, al triomf de **Barack Obama** en les properes eleccions presidencials. Entre el personal que circula per aquí trobo des de membres del poderosíssim sindicat Teamster, de Fedex, passant per bloggers gais (que et tiren els trastos així que pensen endevinar una possibilitat), lesbianes, activistes per la pau i per la retirada de les tropes de l'Iraq, que es passegen pel centre de convencions amb un exemplar de la Constitució americana a la punta dels dits i el braç aixecat, defensors dels drets humans i contra Guantànamo o la pena de mort, etc.

Després de tres dies d'escoltar estratègies per fomentar la participació online a nivell local, però també de com transformar-la en participació electoral real (no virtual), em fa la impressió que, llevat de la dimensió quantitativa, on com sempre, ens donen mil voltes, la catosfera catalana no té gaire cosa a envejar de la blogosfera americana. Vull dir que en els quatre o cinc anys que portem d'existència, comparativament, la catosfera ha assolit una rellevància semblant, a la seva escala, a la de la blogosfera americana. Amb una única, però important excepció. La de la recaptació de diners online. Aquí sí que ens trobem encara a les beceroles, mentre que als Estats Units, les microaportacions

15

(5, 10, 25 dolars) han estat un dels elements revolucionaris que ha capgirat la política electoral americana, tant en el cas d'Obama, com ja anteriorment, en el 2004, en els cas de Howard Dean, i d'altres.

Conscient d'aquesta mancança, vaig suggerir durant la recent campanya presidencial d'ERC, a la candidatura renovadora de l'**RCAT**, que en el seu web s'incorporés la possibilitat de fer aquest tipus de microaportacions via paypal o alguna cosa semblant. Malauradament la cosa no va acabar de reeixir del tot i no passaren del típic enllaç que demana suport econòmic mitjançant l'ingrès d'una quantitat en un compte corrent. No sé si van tenir molts ingressos, però estic segur que si s'hagués provat la meva proposta, a banda del factor innovador a escala catalana, estic segur que haguessin tingut molts més recursos per fer front a les estratègies, diguem-ne, *calabreses* de la candidatura oficialista. I qui sap, potser el resultat hauria estat diferent!

Però tornant a la catosfera. Potser considereu exagerada la comparativa que he fet amb el cas nord-americà. Però hem de tenir en compte que en els darrers temps, l'activisme catosfèric ha estat intensíssim i no només ha condicionat la política i la mediasfera catalana, sinó que ha arribat més lluny encara, a escala europea. L'exclusió del català com a llengua de la UE, ha motivat potentíssimes iniciatives que han acabat donant els seus fruits. Em refereixo per exemple, al fet que el català és la segona llengua més emprada en un fòrum de debat sobre problemes europeus. Em refereixo per exemple a iniciatives individuals, com la d'en **Miquel Català** (3), que sense encomanar-se a ningú va traduir la pàgina del Parlament Europeu al català, fet que inicialment li va suposar ser amenaçat per aquesta institució per plagiar-la, però que va resistir les amenaces −no debades, en Miquel és de la terra ferma, de la de Macià i Companys-, fins al punt que ara fa poc el propi Parlament Europeu, s'ha hagut de menjar amb patates la seva fatxenderia, i ha anunciat per a

16

finals d'any, la seva pròpia versió catalana del seu web. La qual cosa no sé si costarà 262.000 euros més al contribuent europeu (com el bloc de l'alcalde Hereu, per cert, antic company d'escola), tenint present que la d'en Miquel li sortiria gratis, no by the face, però sí pel país. Per pur patriotisme.

Però no tot en la catosfera són flors i violes. També hi ha diguem-ne que disfuncionalitats, per emprar un vocabulari pressumptament asèptic. A aquestes dedicarem l'article de la propera setmana.

LLADRES, XENÒFOBS I TERRORISTES

30 juliol, 2008 |

La presa de pèl, la constant burla, l'aixecada de camisa dia sí i dia també als catalans s'ha d'acabar de manera immediata.

U. Els ecspanyols reconeixen que ens roben, tot i que ells naturalment, seguint les tècniques del *doublespeak* orwellià, en diuen *solidaritat*. Tots els ciutadans que viuen a Catalunya, tant al Principat com al País Valencià o les Illes, independentment del seu orígen o lloc de naixement, són literalment robats pels poders espanyols. Des de la catalaníssima –des del segle XI, tu!- **Carme Valls**, fins al darrer ciutadà que avui ha aconseguit els papers que el converteixen, en un esclau més d'Espanya (atès que ja disposa del Document d'Identitat i del Passaport corresponen, i consta com empadronat en alguns dels municipis catalans sota administració espanyola). Els tres territoris històrics esmentats, doncs, pateixen una pèrdua de capitals que condiciona clarament no només la seva competitivitat, sinó també la seva cohesió social, atès que

17

cada cop es fa més difícil prestar els serveis socials bàsics (sanitat, eduació, programes d'atenció a l'exclusió social, habitatge, etc.). Les dimensions de l'espoli són tan descomunals que no tenen explicació lògica en un context democràtic. L'única explicació raonable és que els catalans i les catalanes *accepten* aquest robatori perquè es troben psicològicament coaccionats, per tres-cents anys de submissió i de repressió ferotge, que els han fet interioritzar un fatalisme existencial que els porta a concloure que no hi ha res a fer.

Aquesta mena *d'espiral de silenci*, tanmateix, sempre ha estat contestada per una part de la població, que ha passat de generació en generació la llavor de la resistència. Sovint de forma explícita, però també, molts, de forma implícita.

Des d'aquest punt de vista, a mesura que la cultura democràtica es vagi arrelant en la societat catalana, la reacció envers aquesta espoliació es farà, es fa, de fet, més intensa. Hi ha doncs, una clara corelació entre aprofundiment de la cultura democràtica i rebuig a la subordinació econòmica. Sense sobirania econòmica, no hi ha sobirania política. Sense dret a decidir sobre els nostres impostos, no hi ha dret a decidir sobre el nostre futur com a poble.

Dos. Els espanyols han optat definitivament per treure's la careta de la *conllevància* orteguiana, i han apostat descaradament per actituds de *supremacia* lingüística, com a mecanisme per ofegar les altres cultures i llengües que han aconseguit sobreviure a segles de repressió i prohibició. L'instrument principal en aquesta ofensiva que ells perceben com a *definitiva*, no són, com històricament ha passat, les forces armades, tot i que hi continuen ben presents, sinó les indústries culturals, audiovisuals, de la informació i la comunicació, que tenen com a ariet principal l'omnipresència de l'espanyol en tots i cadascuna de les facetes de la vida quotidiana dels catalans i les catalanes. Per això és tant important que els principals mitjans de comunicació i informació consumits pels ciutadans de Catalunya, siguin no només en espanyol, sinó que tinguin l'estat espanyol com a referent bàsic, dins del qual la catalanitat aparegui com quelcom parcial, no complert.

Paradoxalment, aquest intent de supremacia lingüística definitiva, es dóna en un context on l'estat espanyol cada cop pinta menys en el marc de la hispanofonia, atès que clarament el futur de la llengua espanyola es troba a l'altra banda de l'Atlàntic, principalment als Estats Units, a Mèxic i a Colòmbia. De fet, es percep una progressiva fragmentació de la suposada unitat de la llengua espanyola. Ni la ciutat de Madrid, que cada cop creix seguint un model DF (districte federal) americà, ni les principals agències d'espanyolització mediàtica i comunicativa, bé siguin públiques (*TVE, Agència EFE*), bé privades (*Telefónica, El Pais-Prisa*, més tota la *brunete* mediàtica) tenen res a pelar davant les grans corporacions mediàtiques hispanes que estan creixent i que convertiran Nova York, Los Angeles, Miami, Ciutat de Mèxic o Bogotà, abans que Madrid, en el referent mediàtic hispanòfon del segle XXI.

Aquesta actitud supremacista ja s'ha concretat en el pacte entre PSOE i PP al Tribunal Constitucional per tal d'eliminar del text estatuari del 2006, autèntic *nyap polític*, dit sigui d'altra banda, la referència a la total equiparació legal entre les llengües catalana i espanyola, element aquest que va ser presentat pels partidaris del vot afirmatiu en el referèndum estatutari, com una de les conquestes majors respecte l'estatut anterior. Doncs bé, aquesta *conquesta major* ja se l'han carregada, només falta que ho reconeguin públicament.

I és que en l'ADN de l'expansionisme espanyol hi ha la consideració jeràrquica de la llengua espanyola respecte les altres llengües que també es parlen a l'estat, i, diguem-ho sense subterfugis, principalment, respecte el català, l'única que ha demostrat prou ambició per plantar-li cara, i que ha aconseguit èxits més que notables a aquest respecte, fins ara, si més no. El català, diguem-ho ben orgullosament, està a anys llum de la resta de llengües sense estat –deixem el cas andorrà al marge- europees. I això comença a ser reconegut per la pròpia Unió Europea, *malgrat* l'oposició de l'Estat espanyol.

Tres. El terrorisme espanyol, és cada cop més desacomplexat. Algun dia caldrà escriure amb detall els esdeveniments que van succeir a totes i cadascuna de les ciutats catalanes la nit de celebració de l'Eurocopa. Els cafres espanyols van protagonitzar autèntics episodis de violència anti-catalana que recordaven els *progroms* anti-jueus. Però més enllà d'aquest fet puntual, hi ha una extensió silenciosa d'actituds violentes anti-catalanes arreu de l'estat espanyol i, dins de Catalunya, en aquelles comarques on es percep que la catalanitat es troba en una situació més precària. Paradoxalment, aquesta violència explícitament anti-catalana, compta amb la pràctica complicitat *de facto* dels aparells mediàtic, policial i judicial. Uns perquè la tendeixen a menysvalorar i sovint a camuflar-la com a episodis de violència urbana, tot despolititzant-la. I els altres, perquè fan una deixadesa ostentosa de les seves responsabilitats en la prevenció i, si s'escau repressió i condemna, d'actituds violentes anti-catalanes. D'aquesta manera envien un senyal claríssim als elements terroristes espanyols que tenen *barra lliure* per fer el que els passi pels nassos.tot i que m'acosto cada cop més, encara no he assolit la perfecció.

LA IRRESPONSABILITAT DE VOLER SER ESPANYOL

6 agost, 2008 |

Jo la veritat és que no ho puc entendre com encara hi ha gent mínimament dotada intel.lectualment que vol ser espanyola sense deixar de ser catalana. O sent un català simpàtic, obert, tolerant, cosmopolita i, naturalment, ciutadà del món. No fos cas que... Per sort, cada cop són menys, i cada cop més intel.lectualment aberrants.

En el seu discurs a Puigcerdà, en Joan Carretero va afirmar que Catalunya pot triar entre dos camins: o Espanya o la Independència. No hi estic d'acord, Joan. Catalunya, el que entenem per Catalunya, només pot triar la Independència, res més. L'alternativa espanyola pressuposa la provincianització del país i esdevenir un referent exclusivament territorial. El Nordeste, o la Espana mediterránca o levantina o com li vulguis dir. Tal i com s'ha intentat al País Valencià, aconseguint un notable èxit, la submissió a Espanya pressuposa esquarterament provincial.

Per cert, ara que parlem del País Valencià, diuen que els sociates han esborrat aquest referent del nom oficial del seu partit, o més aviat delegació. En sé d'un que es moriria d'un orgasme si ho sabés, si no fos que, el poble diable, ja és mort. Mitja vida dedicat a espanyolitzar el PSPV i ara ha triomfat després de mort, com el mite del Cid, vaja.

Però recupero el fil inicial. Algun dia caldrà fer un estudi sociològic i generacional, dels catalans que exerceixen vocacionalment d'espanyols. No em refereixo a les deixalles de l'extrema dreta, sinó més aviat a gent que es considera progressista, sempre dins d'un cert ordre, però que pel que fa a la qüestió nacional, considera que la seva Catalunya, es pot desenvolupar perfectament a l'interior d'un estat espanyol. I mantenen aquest pensament tot i que les proves en sentit contrari són cada volta més evidents i incontestables. Que si l'espoli fiscal, que si la llengua, que si les infrastructures (amb la darrera ensarronada de la reforma d'AENA), que si això, que si allò...

Jo he arribat a una conclusió, discutible naturalment. Més enllà de les grans digressions sociològiques o filosòfiques, hi ha, naturalment, una qüestió d'estètica. Com és de sobres conegut, l'estètica no lliga gaire amb la raó. O si més no, una determinada estètica. I és que el Professor Unamuno, un altre que també practicava l'auto-odi, ja va dir que als catalans *"les perdía la estética"*. Gran part d'aquests catalans-espanyols, o espanyols-vocacionals, els repugna la idea de la independència per que l'associen a tancament, petitesa, pairalisme i vés a saber quines altres pocasoltades més.

En el fons, però, hi ha un pòsit de frivolitat, i perquè no dir-ho, d'irresponsabilitat. Els nostres espanyolistes vocacionals, alguns d'ells que pressumeixen com a lloques de remuntar la seva catalanitat al segle XI, ni més ni menys, no volen assumir cap mena de compromís. Saben del cert que dins d'Espanya, una Catalunya com a nació no hi té cabuda, perquè el projecte polític espanyol, clarament parteix de la subordinació de les províncies a la gran capital, cada cop més convertida en una fotocòpia malgirbada d'una metròpoli americana. El projecte polític espanyol parteix de la jerarquització de les llengües, situant al capdamunt, naturalment, l'espanyol, impepinablement, lengua común. I parteix d'una concepció del territori totalment radial i centralitzada, com ens ho demostra la seva gestió de l'AVE (dir-ne TGV seria equívoc) o d'AENA. I sort que Madrid no té mar, que sino ...

Comptat i debatut, un català que vol ser espanyol, ha de recórrer a plantejaments més aviat esotèrics. Perquè racionalment, si mirem els costos i els beneficis, no hi ha cap mena de justificació. Ser espanyol, o voler ser-ho, sense deixar de sentir-se català, és una missió impossible. És un acte d'irresponsabilitat màxima, que en el context dels països més desenvolupats no té pràcticament, cap paral.lel.

El problema, o si volem positivar-ho, diguem el repte, és que com es tracta d'una adhesió poc entenimentada, més propia dels budells que del cap i del cor (el conegut *hearts and minds* americà), probablement no els aconseguirem convèncer mai, per la qual cosa els haurem de *conllevar*, fins a la seva desaparició generacional.

Intentar convèncer qui no vol ser convençut és una autència pèrdua de temps, d'esforços i sovint també de recursos.

La propera setmana, el meu article explicarà perquè ja no sóc del Barça. Ara sóc de l'Ajax.

PERQUÈ JA NO SÓC DEL BARÇA

13 agost, 2008 |

Tal i com havia anunciat, en aquest post explicaré perquè ja no sóc del Barça. Ara sóc de l'Ajax (4). Tot i que també hauria pogut ser del Celtic, que és un equip que també em cau molt bé, per raons òbvies.

Potser algú se sorprendrà de la meva decisió, jo, que m'he declarat pro-Laporta quan ha calgut en el meu bloc personal. Però dues o tres coses m'han fet canviar de parer.

La primera i més rellevant és l'episodi denigrant i fastigós de la moció de censura. Una autèntica operació d'encalçament, que algun dia, algun periodista espavilat, o bé algun politòleg o sociòleg, haura d'estudiar fil per randa, i treure'n l'entrellat de totes les derivacions polítiques, empresarials, socials i mediàtiques que s'amagaven darrere les cares públiques de la iniciativa. Mai, repeteixo, mai, no he sentit tant fàstic, per aquesta gentussa que han intentat fer un linxament públic d'una persona que, objectivament, no s'ho mereixa. Dues Lligues i una Copa d'Europa en cinc anys, no es pot qualificar de cap de les de maneres de fracàs. Només s'entén per l'odi que l'oligarquia espanyolista a Catalunya sent per la figura de Laporta. Un odi que s'exemplifica en l'anècdota aquella segons la qual, el recentment nomenat *Grande d'Espanya*, el *condecito* estrafet, amo de *La Vanguardia,* va protagonitzar quan el nom de Laporta començava a sortir més del compte -pel seu gust, naturalment- als titulars. El condecito, que per cert, deu la vida al President Companys -que va facilitar que el seu pare, o avi, fotés el camp el juliol del 36-, va preguntar al seu interlocutor *"Y este Laporta, hijo de quien es?"* . Bé, amb aquesta escòria, jo no vull tenir res a veure. De fet, lluitem en trinxeres oposades. Per això em va doldre la poca mobilització dels socis, en comparació amb la molt més alta d'aquesta xusma.

En Joan Laporta ha estat el president del Barça més decent i més presentable que jo he conegut, i probablement, també de tota la història del club. Durant el seu mandat, el club es va recuperar del pou on el van deixar el nunyisme i en Gapart, és a dir, l'espanyolisme més cutre i caspós. No dic que no hagi comès errors, però el balanç ha estat clarament positiu. Però ara que s'acaba el seu segon mandat, és ben evident que no ha aconseguit convertir el Barça en quelcom decent, des del punt de vista associatiu. Continua sent una autèntica cova de lladres i de fatxes. I la prova la tenim en la traïció d'alguns dels seus propis companys de Junta, que l'han intentat apunyalar, com en les més pures intrigues vaticanes. I és que jo sempre he pensat que els catalans, no som més que uns italians desplaçats cap a ponent.

Dos. El cas Oleguer. Si amb Laporta l'odi era evident, però contingut, mesurat en les formes, en el cas de l'Oleguer

24

Presas, no s'estaven d'hòsties. Van anar a sac. I fins i tot van utilitzar el photoshop per anul.lar-lo. Hi ha una evidència que no es pot negar. Durant les dues temporades que va ser titular indiscutible, el Barça va guanyar dues lligues i una copa d'Europa, i quan va deixar de ser-ho, el Barça no va guanyar res, i la defensa va ser un autèntic desastre. Però amb això no hi havia prou. Calia excitar les masses catalanòfobes espanyoles perquè personalitzessin el seu odi envers un individu concret. I aquest va ser l'Oleguer. I això ho vam presenciar en viu i en directe a tots els camps de futbol catalanòfobs d'Espanya, on se l'escridassava i se l'insultava a cor què vols. Salvant totes les distàncies, la sortida d'Oleguer del Barça, jo la comparo amb el cas dels *Catalans Austriacistes* a Viena, després de l'Ocupació del 1713-14, o la *Diàspora Catalana* del 1936-39, veritable tragèdia històrica de la qual encara no ens hem refet, perquè hi perdérem l'avantguarda del nostre poble. Bé, l'Oleguer ara juga a l'Ajax, i li desitjo tota la sort del món, no tinc cap dubte que triomfarà, i espero que acabi sent el capità de la Selecció de Futbol de Catalunya, que participi d'una punyetera vegada en competicions oficials, costellades al marge.

I tres. Però sense cap mena de dubte, ni el linxament de Laporta, ni la sortida d'Oleguer del club no s'haurien produït si no existís una classe mediàtica, que fidel al seu instint de gos, llepa les mans dels seus amos i que s'han dedicat dia sí i dia també a malpar de l'un i de l'altre. El periodisme esportiu a Catalunya, amb honroses excepcions, és una altra Cova de Lladres, i sobretot les noves fornades són realment una autèntica pesta bubònica. Nens i nenes pijos, autèntics fills de Samaranch, pels quals només compta la victòria, el grimpar, el cop de colze, i quan s'escau, una mamada com déu mana. Aquesta genteta han estat socialitzats en l'obediència al poder real -i reial- i no podien suportar ni la ideologia independentista de Laporta ni el capteniment revolucionari de l'Oleguer, i han actuat com a punta de llança per destruir-los, seguint les instruccions dels seus amos, l'oligarquia espanyolista a Catalunya.

Per això, ja no sóc del Barça. Encara que també he de dir, que tampoc em convertiré en un anti-Barça. Sóc prou intel.ligent per separar el gra de la palla, i quan guanyi me n'alegraré, naturalment. Però els fets d'aquest estiu han estat definitius. Cal fer neteja. I cal acabar la tasca iniciada per en Laporta de convertir el Barça en el que va ser durant molts anys: el club que canalitzava les il.lusions de milers, de milions de catalans.

SUBMISSIÓ O INDEPENDÈNCIA, ÉS A DIR INDEPENDÈNCIA

20 agost, 2008 |

Ja feia uns quants dies que pensava quin títol havia de dur aquest article. Tenia claríssim el seu contingut, però em mancava l'ham. Els títols dels llibres o dels articles, així com els titulars de la premsa o als telenotícies, són claus per atraure l'atenció. I va ser llegir l'article del meu company de capçalera dels dilluns, i de seguida vaig saltar, "ja el tinc!"... Independència o submissió. Quadrat. Ni que jugués al Tetris!

Perquè efectivament, a aquestes alçades de la pel.lícula, no podem cometre els mateixos errors sempre. Des del meu punt de vista, és un error centrar com a reivindicació principal de les mobilitzacions del proper 11 de setembre, en el finançament. L'únic que cal dir al respecte és que els espanyols, per enèssima vegada, han incomplert la seva pròpia legislació, i s'han quedat tan panxos. Pitjor, encara. Fan el xulo i el demagog, el demagog espanyolista, més concretament. Com féu l'altre dia en Zapatero en la roda de premsa a la Moncloa.

No, ni tres mesos, ni conyes marineres. Independència o submissió. És a dir, Independència, naturalment. Hem d'evitar que torni a passar com en les manifestacions del 18F i de l'1D, que van ser clarament exitoses... de portes endins. Vull dir, que, devem ser l'únic país del món desenvolupat on surten al carrer centenars de milers de persones, i la resta del món ni se n'assabenta. No som portada a la CNN, ni a la BBC, ni a l'Associated Press, ni a Al-Jazeera, ni.... Només Le Monde, farà una notícia breu, amb l'enfocament esbiaixat característic dels jacobins.

No. No pot tornar a passar això. Mentre la nostra reivindicació tingui un impacte 1.0. -per no dir 0.0- no ens en sortirem. Cal que la nostra mobilització s'esbombi per internet, per la televisió, la premsa i la ràdio des del primer moment.

I per aconseguir aquest ressò internacional, només hi ha dos camins. O ens carreguem uns quants espanyols -sang i fetge. O exigim allò que qualsevol persona normal -és a dir, tot el contrari del que son els catalans no sobiranistes, segons la denominació de l'*Arnera*- que és ras i curt, la Independència. Només serem normals, i ens posarem al mateix nivell que qualsevol persona normal, si exigim la Independència i només la Independència. Això de la Independència, té l'avantatge que és molt senzill i ho entén tothom... tret dels autonomistes. Fins i tot els espanyols ho entenen perfectament. I tant si ho entenen!

Ja fa unes setmanes, en un comentari que vaig escriure a un articles d'un altre company de capçalera, en Xavier Mir, vaig proposar que l'eslògan de la manifestació de l'11 de setembre d'enguany, sigui bilingüe... català-anglès, naturalment. Concretament, vaig suggerir que podria ser *Catalunya Lliure-Free Catalonia from Spain*, o una cosa semblant. Aquest eslògan l'entén tothom. És molt senzill i arreu del món l'entendran perfectament.

Centrar la reivindicació en el tema del finançament és una equivocació. Pitjor encara, és una trampa. En primer lloc perquè somniar que els 25 *sibwanas* diputats del PSC al Congrés, votaran contra els seus amos, és, a aquestes alçades, no una ingenuïtat, sinó un error de jutjat de guàrdia. I en segon lloc, perquè de fet, centrar-se en el finançament ja l'interessa a gent com en Puigcercós, que necessita com l'aire que respira, alguna excusa per maquillar el seu proper fracàs electoral -quan dels 350,000 ex-votants d'ERC passarem a ser 450.000 o 500.000, amb l'esperança que algú se senti al.ludit. O a gent com en Recoder o en Fernàndez Teixidó, que no fan més que somniar amb la sociovergència, de manera que per ells tenir un sociata al costat és com per a mi tenir l'Scarlett Johansson. Vull dir que es posen *catxondos*.

Però per damunt de tot, centrar la reivindicació en el finançament, i no en la independència, a qui més li convé és als partits espanyols, al PSOE i al PP, perquè els dóna un poder de decisió clau, atès que bé l'un o l'altre seran al govern.

Acabo. A hores d'ara, a Escòcia, Flandes, al País Basc, i espero que ben aviat al Quebec, ja han emprès la ruta de la Independència. No podem quedar-nos enrere. Tenim tants motius o més que tots ells junts. Entre d'altres, el fet que Espanya ens roba el 10% del nostre PIB cada any, certament. Però esperar que els espanyols renunciïn *de bon rotllo* a la mamella catalana, no només és somniar despert, sinó que és una irresponsabilitat com una casa de pagès.

L'11 de setembre, per una **Catalunya Lliure-Free Catalonia from Spain.**

BCN-BRUSSEL.LES-WASHINGTON

27 agost, 2008 |

Em permeto vampirejar un comentari que un amable, i intel.ligentíssim lector, va escriure respecte el meu post de la setmana passada. S'hi deia el següent, *"La independència es troba en algun lloc entre BCN-Brussel.les-Washington. Madrid sols és espectadora, no protagonista"*. I a continuació afegia *"A l'argumentari sobiranista és necessària aportació respecte temes de defensa, NATO, OSCE, solucions tècniques, dimensionament, projectes internacionals de defensa, etc."*(5). Exacte. Estic molt d'acord. Un dels aspectes que sempre m'han frapat més quan he comparat l'independentisme català amb altres moviments independentistes, és el desinterès pràcticament total del primer respecte les qüestions militars, tant a nivell estratègic, i ja no diguem, a nivell tàctic.

Els independentistes quebequesos i escocesos, per exemple, no s'estan de punyetes. Tenen clar que quan assoleixin la independència, disposaran d'un exèrcit nacional. No hi ha ningú que ho qüestioni, això. En el cas català, però, són molt pocs els independentistes que això ho tenen clar. Es viu en un mena de paradís *flower-power,* on tothom és bo, i quan més amics, més endins... i tal dia farà un any.

No, és hora de parlar clar. Si no volem passar-nos la resta del que ens queda de vida adoptant o apadrinant nens extremenys, els independentistes hem d'elaborar una reflexió sobre temes militars, estratègics, de seguretat, amb una mica de cara i ulls. I fer-ho sense haver de pagar el peatge de dependre econòmicament de les subvencions d'una institució pública o d'una altra, fet que condiciona, òbviament, la orientació de la nostra reflexió.

En aquest sentit, em sembla una obvietat afirmar que per aconseguir la Independència, caldrà comptar amb el vist-i-plau dels Estats Units. Ja sé que fa mal escriure -i llegir-això, si més no als que tenim una ideologia d'esquerres. Però la realitat ens demostra que els Estats Units no estan *per principi* en contra dels processos independentistes. Tot el contrari que molts estats europeus. No debades ells mateixos, els Estats Units, van néixer d'un procés independentista que posteriorment ha tingut una enorme influència internacional. De fet és el cas contrari d'exemples com el francès o l'espanyol, que sempre se'ls ha hagut d'expulsar a base d'hòsties, perquè són tan cabuts que es pensen que guanyaran, quan sempre, repeteixo, sempre, han perdut. Allò que realment importa als Estats Units, respecte els moviments independentistes és si aquests beneficien o no els seus interessos estratègics, tant de caràcter militar (aliats), com sobretot econòmic i energètic (rutes de petroli, oleoductes, gasoductes, etc.). Només en segon terme es preocupen d'aspectes com la democràcia i els drets humans. I això malgrat els discursos oficials, que sempre els esmenten.

I aconseguir el vist-i-plau dels Estats Units a la independència de Catalunya, vol dir, malauradament, tenir clar que no ens podem plantejar un escenari d'una Catalunya independent, fora de l'OTAN. De cap de les maneres els Estats Units acceptaria que un territori que ara forma part de l'aliança atlàntica, en esdevenir estat independent, deixés de formar-ne part. Llavors la pregunta que ens hem de fer és si estem disposats a sacrificar la nostra independència al fet de sortir de l'OTAN. Jo tinc claríssim que no. Entre d'altres raons perquè és obvi que la nostra independència ha de comptar amb el plàcet de la comunitat internacional, atès que sense ell, les possibilitats d'accedir-hi són molt mínimes, remotes.

Per altra banda, cal tenir en compte que l'OTAN mateixa s'ha hagut de reinventar després de la fi de la Guerra Freda. Ja no té com a obsessió central el poder militar soviètic, el qual volia destruir de totes totes. Naturalment, això no vol dir que s'hagi convertit en una ONG, encara que de vegades sembla que ho vulgui aparentar. El bombardeig d'objectius civils a Sèrbia i l'actuació cada cop més polèmica a l'Afganistan, així ho demostren.

Però em sembla fora de tota discussió que si volem consolidar la nostra independència, i evitar les amenaces que sense cap mena de dubte cauran sobre nosaltres tant dels espanyols com dels francesos, un cop alliberats, el fet de pertànyer a l'OTAN ens garantirà una mínima protecció al respecte.

Un cop independents, haurem de gestionar pel nostre compte instal.lacions tan sensibles com són les centrals nuclears, les centrals hidroelèctriques i les (modestes) explotacions petrolieres del mar de Tarragona, entre d'altres, la titularitat de les quals sense cap mena de dubte intentaran discutir-les. Per això ens convidrà que els espanyols no puguin fer de les seves, com sempre han fet amb anterioritat. traient profit del tradicional aïllacionisme espanyol, situació que, n'estic convençut ha perjudicat sobremanera Catalunya. en els darrers tres segles. Bé, en continuarem parlant.

DOS EPISODIS

3 setembre, 2008 |

Ens apropem a la Festa Nacional. En el post de la setmana vinent, que apareixerà el dia abans, ja em referiré a l'enorme dinamisme que detecto enguany entorn aquesta jornada. Penso que pot marcar una fita, la propera Diada. Una fita en el camí de la Independència, naturalment. La gent ja n'està fins al capdamunt de com està el pati, i són conscients que cal trencar, que cal que hi hagi, utilitzant la

31

terminologia **pedroliana** un cert **Acte de Violència**. No de violència física, cafre. Si no de ruptura, de plantar-se, tal i com propugnava l'enyorat **Lluís Maria Xirinacs** (6). De sortir del ramat, com l'ovella negra i treure-li la llengua al pastor i als seus gossos d'atura. Però d'això, en parlaré la setmana vinent.

En aquest post setmanal, vull referir-me ara a dos episodis un de recent i un que va passar a principis dels anys vuitanta.

El primer va ser arran una conversa que el meu amic Agustí, veterà militant independentista, i jo mateix vam tenir amb una dona aragonesa, que fa tres anys que viu a Catalunya, aquest darrer cap de setmana. No sé ben bé com, la conversa va orientar-se cap al tema de l'aigua, i la nostra interlocutora, sense tallar-se un pèl, ens va etzibar que ja n'estava fins al capdamunt que *"los cabrones de los catalanes"* volguessin robar-los l'aigua. Com si l'Agustí i jo fóssim de Kuala Lumpu, i la conversa tingués lloc no en la costa del Maresme, a tocar de la platja, sinó enmig de Quintanilla de Onésimo, o a l'Ateneo de Madrid, després d'una lectura del *Manifiesto* de marres. Donat que ja tenim uns quants anys tots dos -bé, l'Agustí uns quants més que jo, per ser exactes- l'al.lusió a les nostres suposades banyes, ens va relliscar cap avall. Però l'Agustí, antic militant del FNC i del PSAN-P, no va poder estar-se d'intentar convèncer-la que ni ell ni jo no li volíem robar l'aigua als aragonesos, que tot això de la sequera havia estat una camama, que a qui calia carregar els neulers era a la companyia de l'aigua (AGBAR), la Caixa, les multinacionals, etc. etc. En definitiva, tot el patracol internacionalista i revolucionari habitual que s'estila quan el que es vol és trencar malentesos entre pobles i denunciar les respectives oligarquies que ens oprimeixen tants als uns com als altres. La dona va mirar-lo de forma entre sorneguera i incrèdula, mentre no deixava de fumar. *"AG qué?"* va preguntar, *"No me vengas con historias, los*

32

catalanes y punto", va afirmar sense immutar-se. Naturalment, la dona tenia molt clar que per ella, l'adversari és Catalunya o els catalans, presos col.lectivament, sense matisos. Sense complicar-se la vida. Tothom al mateix sac.

De seguida vaig recordar un episodi que vaig viure en un poblet prop d'Osca, on vaig passar un cap de setmana a casa d'una companya de feina de la meva mare, totes dues professores del mateix col.legi de barri, de Gràcia, per ser més exactes. A banda del fet que les rodalies d'Osca deu ser un dels llocs on més *ex-Guardias de Franco* hi havia -si més no en dues hores de passeig pels carrers de la capital, la nostra amfitriona ens assenyalà quatre o cinc, tots ells, entre madurs i vells, òbviament-, allò que em va frapar més va ser una conversa amb el seu oncle. L'home, de més de setanta anys, ens digué que als afores del poble on ens estàvem, havien afusellat "*Tres catalanes*" i que tothom sabia on els havien soterrat. Jo vaig voler entrar en detalls i li vaig preguntar "*Anarquistas?*". La resposta va ser, ben reveladora "*Catalanes*". I avall que fa baixada, que diuen.

Naturalment, no vull fer un exercici d'inducció i basant-me en dos casos concrets, gens representatius, establir una regla general. Però és públic i notori que des de l'Estat espanyol, des dels seus òrgans directius, ja fa anys, dècades i segles, que es porta una tasca de segregació d'una ideologia, la **catalanofòbia**, que actua com a ciment per cohesionar l'espanyolisme, sigui aquest de dretes o d'esquerres. Pels espanyols, un català -o catalana, naturalment- que no renuncïi a la seva identitat, i que no se sotmeti al projecte nacional espanyol serà sempre una persona sota sospita. I això sigui de dretes o d'esquerres, catòlic o anarquista, burgès o proletari, jugador de bàsquet o nedadora de natació sincronitzada. És per això que, com s'acostuma a dir, no hi ha res que s'assembli més a un espanyol de dretes que un espanyol d'esquerres. I als fets em remeto.

33

Penso que és una reflexió que cal fer-se aquesta setmana prèvia a la nostra Festa Nacional. Una Festa que commemora no una derrota, com diuen els sòmines, sinó 300 anys de resistència. 300 anys d'orgull. 300 anys de confiança en la lluita i en la victòria. Una Festa que, n'estic segur, serà tot un èxit d'assistència i que farà tremolar més d'un polític boniato i més d'un periodista lacai. Que així sigui.

LA GRAN MENTIDA

10 setembre, 2008 |

La política catalana ha viscut els darrers quaranta anys interioritzant una gran mentida. Aquesta gran mentida és la que consisteix en afirmar taxativament que "*Som un sol poble*". Cada cop és més evident que a Catalunya hi ha dos o tres (no es pot oblidar la Catalunya Nord) projectes nacionals. I cada projecte nacional té un actor un "poble" o "demos" que és qui té la legitimat de decidir, democràticament, el seu futur.

Per una banda tenim els projectes polítics espanyol i francès, que conceben els respectius territoris catalans com una administració regional o administrativa més, unes comunitats autònomes, unes províncies o un departament com qualsevol altre, sense cap diferència. Per aquests projectes polítics, Catalunya ha d'estar subordinada a la seva respectiva capital estatal, i en el cas del Nord, no només a la capital estatal, sinó també a la capital regional (Montpeller). Per exemple, en el món universitari. Els defensors abrandats d'aquests projectes polítics són, per una banda, els partits polítics d'àmbit estatal, i per altra, els mitjans de comunicació de masses (els *mass media*, que se'n diuen).

De l'altra, els impulsors del projecte polític català, que

pressuposa la cohesió nacional dels 14 milions de catalans, propugnen que Catalunya assoleixi, sense cap mena d'eufemisme, la Independència, o si es vol, la normalitat nacional, que és l'estatalitat, gaudir d'un estat sobirà, participant de ple dret en la comunitat d'estats independents del planeta. Els partits que propugnen aquest model, són els partits independentistes, i només els partits independentistes.

El corol.lari lògic i evident del que acabem de dir és que els partits d'àmbit estatal són partits espanyols i els d'àmbit català (tant nacional com regional) són partits catalans.

La pregunta del milió és si partits espanyols i partits catalans poden col.laborar des de la lleialtat i el mutu reconeixement en la millora del benestar dels ciutadans.

La meva resposta és que no. De cap de les maneres. La lògica dels uns i dels altres és no només divergent, sinó antagònica. És una relació de suma zero, que implica que el que guanya un ho perd l'altre, i viceversa. És com si tinguéssim un pastís. Si tu et menges tres talls, a mi me'n queden tres talls menys per menjar.

Pels espanyols, està molt clar que l'eix nacional predomina per damunt de l'eix social. Més enllà de les divagacions per a consum intern que pugui fer, l'Alfonso Guerra (*"Se es socialista o no se es"*), els espanyols tenen molt clar que quan es tracten qüestions de pes, constitucionals o orgàniques, diríem, els acords entre les dues forces espanyoles del moment (UCD-PSOE, primer , i PP-PSOE, després), són el pa nostre de cada dia, i reben el qualificatiu d'acords o pactes d'Estat, indiscutibles. De manera que, quan convé, es treu l'espantall ideològic, per enardir les masses... per immediatament després pactar i vendre-ho com un acord nacional, del qual, per altra banda, són sistemàticament exclosos els partits d'àmbit no espanyol.

Per contra, a Catalunya, sempre s'ha propugnat una unitat

de tots els partits, siguin aquests catalans o espanyols. Naturalment, el resultat ha estat desastrós, perquè els incentius per trair aquest, fals, unitarisme, són nombrossíssims, com acabem de veure en el cas del conseller Saura o en casos anteriors, fins i tot més flagrants.

L'unitarisme a Catalunya és una camama. Ens condemna a dependre dels partits espanyols que fan i desfan seguint l'agenda política comuna que no és altra que el reforçament de l'estat i l'espoliació econòmica, cultural i mediambiental de Catalunya.

És hora de trencar amb la falsedat de l'unitarisme. És hora que les forces polítiques i socials catalanes, és a dir, les que responen al projecte nacional català més amunt descrit, es coaliguin per fer un pas endavant en la consecució de la Independència, és a dir de la normalitat nacional.

Qualsevol vacil.lació en aquest full de ruta, ha de ser contundentment denunciada i condemnada. Només formant un front sobiranista que tingui per objectiu immediat l'assoliment de la Independència podrem garantir uns majors benestar i cohesió. De lluitar contra l'atur, la precarietat i l'exclusió que sota el règim espanyol s'estan escampant com la pólvora per tots els territoris catalans.

Que aquest 11 de setembre que demà dijous commemorarem, posi els fonaments d'aquesta Unitat per la Independència, és el meu desig d'enguany. En els darrers dies s'han començat a fer passos en aquesta direcció, però falta molta, moltíssima més gent. Estic segur que no es malbarataran totes les expectatives que s'estan generant. Endavant!

LA NO-DEMOCRÀCIA ESPANYOLA

17 setembre, 2008 |

Aquest matí, a la facultat he imprès la sentència emesa pel ple del Tribunal Constitucional espanyol que dóna resposta al recurs d'inconstitucionalitat presentat pel president del govern (és a dir, ZP), contra la llei del Parlament Basc que convoca i regula una consulta popular que té per objectiu conèixer l'opinió de la ciutadans de la comunitat autònoma del País Basc sobre l'obertura d'un procés de negociació per assolir la pau i la normalització política... Vint-i-cinc pàgines. No n'he fet una lectura detinguda, si més no de tot el seu contingut. M'he centrat, òbviament, en la seva segona part, titulada *Fonaments jurídics*, que és el moll de l'ós de qualsevol sentència, a banda, és clar del darrer apartat, on consta la decisió final.

Ho he fet, no perquè sigui un hooligan del sr. Ibarretxe, ni del seu famós pla, que entre d'altres coses, considera que la violència a Euskalherria *només* l'exerceix ETA, de manera que si ETA deixa d'actuar, se suposa que la violència a Euskalherria deixaria d'existir. Naturalment, això és una autèntica bajanada. La violència espanyola és infinitament una de les causes fonamentals, o fins i tot, *la causa* fonamental que hauria de desaparèixer per assolir *"la pau i la normalització política"*. Per altra banda, el pla del sr. Ibarretxe només se centra en els bascos i les basques que viuen en aquest invent que és la comunitat autònoma dita del País Basc, deixant de banda, doncs, els navarresos i els territoris bascos sota el domini francès.

Ho he fet, llegir-lo, perquè estava segur que trobaria expressions dignes de figurar en un manual de l'astracanada política mundial. I com sempre passa, els espanyols no m'han decepcionat. En això, sí que són eficaços. Mai fallen.

Vegem-ne dos exemples. Diu la sentència *"Nuestra*

Constitución (es refereix a la seva, l'espanyola, naturalment) *garantiza (...), a través de los procedimientos previstos en ella, en los Estatutos de Autonomía y en las demás leyes, uno de los sistemas democráticos más plenos que cabe encontrar en el Derecho Constitucional comparado"*. Mare de déu senyor! Si precisament és tot el contrari! Si la constitució espanyola és una de les que més restringeix la participació dels ciutadans i ho deixa tot en mans dels partits polítics i de les seves cúpules! Com poden tenir la barra de titllar el seu ordenament constitucional de *pleno*, si a molts països es fan de forma regular centenars de referèndums per decidir moltes coses, algunes d'importants o de caràcter constitucional o orgànic, i d'altres, simples iniciatives legislatives o propostes polítiques de caràcter subestatal, regional o local? En canvi, aquí s'ha arribat a la total aberració, des de la doctrina democràtica, que consisteix en que allò que ha estat votat pels ciutadans en un referèndum - encara que sigui una merda penjada d'un pal, que de fet ho és- pot ser senzillament suprimit per un òrgan constitucional els membres del qual no han estat escollit pels ciutadans.

Però hi ha més. *"No caben actuaciones por otros cauces ni de las Comunidades Autónomas ni de cualquier órgano del Estado, porque sobre todos está siempre, expresada en la decisió constituyente, la voluntad del Pueblo espanol, titular exclusivo de la soberanía nacional, fundamento de la Constitución y origen de cualquier poder político"*. Perdonin vostès, la monarquia actual, que jo sàpiga, precedeix a l'actual constitució espanyola. Perdonin vostès, un òrgan de l'estat, les forces armades, té atribuïda la competència de vetllar per la integriat territorial de l'estat, segons disposa un article constitucional que, si no m'equivoco, s'inspira directament en una de les lleis fonamentals del franquisme, la *Ley Orgánica del Estado* (LOE), del 1967.

Em nego a entrar a discutir la tonteria aquesta que el "Pueblo espanol" és el titular exclusivo de la soberanía

38

nacional (sempre amb el permís del cap de l'estat i de les forces armades, naturalment). Recordo en aquest sentit, que la constitució de 1812, la Pepa, definia la nació espanyola com la composta per *"la reunión de todos los espanoles de ambos hemisferios"*. Uns vint anys després, aproximadament, prop del 90% d'aquests *espanyols*, ho havien deixat de ser. I és que no hi ha res més soluble en aquest món mundial, que aquest invent de la *Nación espanola*. I després, la Nació espanyola es va dissoldre a Cuba i a Puerto Rico, per acabar-ho d'adobar.

Realment quan sento un espanyol donant lliçons a tort i a dret de democràcia -fins i tot gosen renyar els americans per ser poc demòcrates!- és un dels moments més patètics, i que més m'alegra de no ser espanyol. És realment vergonyant!

Bé, ara l'Ibarretxe ha anunciat que anirà a les instàncies europees. És una mesura del tot encertada, formalment parlant. Si els tribunals europeus massacren el tribunal constitucional espanyol, i amb ell el president del govern espanyol, serà un moment històric. Com ja ho va ser quan el Tribunal dels Drets Humans d'Estrasburg va condemnar Espanya per les tortures contra els independentistes catalans. Els espanyols ja han començat a tremolar, i com sempre, a amenaçar. Després de Kosovo, els dirigents espanyols cada cop confien menys en la Unió Europea, i com a exemple, ja es comencen a sentir veus que, aprofitant el tema de la crisi econòmica, es replantegen sortir de l'eurozona i tornar a la pesseta, és a dir, a l'enyorat, per ells, *mercado nacional*. De manera que, davant la possibilitat d'una rebolcada del seu ordenament constitucional, es trobaran temptats de tornar al *Santiago y cierra Espana* castís.

Esperem que no només no es tanqui, si no que de fet, salti pels aires en mil i un bocins!

PRINCEPS NAMQUE

24 setembre, 2008 |

L'altre dia, a la llibreria Alibri (abans Herder), vaig consultar una obra meravellosa del medievalista **Donald J. Kagay**, especialista en història militar a la Península Ibèrica(7). El primer capitol du per títol, *The National Defense Clause and the emergence of the Catalan State.* Princeps Namque *revisited*. Només el títol ja em va posar catxondo. Vaig llegir-ne uns quantes línies i a mesura que ho feia, la meva excitació anava *in crescendo*: "*In reality, the national defense clause, pointed the way to Catalan nationhood*". Exacte.

Aquesta trobada em va fer recordar les classes del professor **Josep M. Gay**, a la Facultat de Dret, a mitjans dels anys 80, quan impartial l'assignatura *Història del Dret*. Allà vam estudiar amb una certa profunditat aquest usatge, el **Princeps namque**, clau per comprendre la història de Catalunya.

Els Usatges són els usos i costums que formen la base del dret consuetudinari. Els Usatges de Barcelona, en aquest sentit, van tenir un paper fonamental en la formació del dret català.

L'usatge *Princeps namque*, concretament, establert ja el segle XI, disposava que en cas de perill d'invasió, el sobirà podia cridar a les armes a tots els homes sans i adults, fossin cavallers o súbdits, i aquests estaven obligats a presentar-s'hi. L'esmentat usatge, doncs, era, efectivament, una clàusula que establia un sistema de defensa nacional, i que va ser reiteradament usada fins ben entrada l'edat moderna.

Ara bé, per tal que la seva invocació fos legal, s'havien de complir dos requisits indispensables. El primer, que la raó de la invocació fos estrictament defensiva, no pas ofensiva, de manera que els catalans de l'època, no estaven obligats a servir al sobirà en campanyes militars fora del Principat.

El segon requisit, i el que en el fons motiva aquest escrit, és que el sobirà havia de trobar-se en territori català en el moment de la invocació i havia de ser el primer en posar-se al capdavant de les tropes per fer front a l'invasor. Dit d'una altra manera, si el sobirà no era el primer en defensar el país, els seus súbdits no tenien pas cap obligació de fer-ho.

Suposo que ara ja sabeu per on vaig, no? Si hi ha quelcom claríssim en la història recent de la nostra Pàtria és que després dels **Presidents Macià i Companys**, cap altre politic en el poder ha gosat portar a la pràctica aquest requisit de ser el Primer en plantar cara a l'invasor. Cap ni un. I quan dic cap, vull dir cap. Queda entès, no?

Bé, doncs considero que ja és hora que això canvïi. En l'actual conjuntura patètica, depriment i caòtica que ens trobem, amb una crisi econòmica, social i moral sense precedents, amb uns politics autonomistes covards i passerells, s'imposa que algú o alguns facin un pas endavant i pronunciïn la gloriosa i transcendental frase que diu, "S'ha acabat el bròquil" i, si cal, afegeixi, "I ja no tenim diners per comprar-ne més, perquè els espanyols ens els han robats tots".

I no em refereixo a qualsevol ciutadà. Em refereixo a aquell líder o aquells líders que es troben en una posició que objectivament els permet fer-ho, perquè compten amb un creixent suport popular, i amb el correlatiu menyspreu –que amaga una por o temença- de l'èlite política, mediàtica i empresarial, que formen el gruix del botiflerisme a Catalunya. Un menyspreu lògic i, en el fons, ben saludable.

És el moment. Per Catalunya. Com Macià i Companys.

L'ACCESSIÓ A LA INDEPENDÈNCIA

1 octubre, 2008 |

Tal i com ho veig jo, a hores d'ara, hi ha dues estratègies plantejades d'accessió a la Independència. La més formalitzada és la que defensa o impulsa el **Cercle d'Estudis Sobiranistes**, i que consisteix, bàsicament, en accedir-hi a través de la via legal, l'aprovació d'una llei de consultes populars per part del Parlament, i la implementació d'una consulta de sobirania o alguna cosa semblant.

L'altra via seria la consecució d'una majoria parlamentària, eventualment amb el suport d'un, dos o més partits polítics, que aprovés una declaració de sobirania i a partir d'aquí demanés el reconeixement internacional i l'accessió a les organitzacions internacionals (ONU, UE, Consell d'Europa, OTAN...).

Fins i tot sembla esbossar-se una tercera via, la que proposa la formació d'una mena d'Assemblea Nacional de càrrecs electes (diputats del Parlament, de les Cortes, del Parlament Europeu, batlles i regidors) que proclamés la independència o protagonitzés un acte de sobirania.

Donat, però que aquesta tercera via encara no sembla gaire desenvolupada, la deixem de banda (que no vol dir que la rebutgem, senzillament, esperem que es concreti una mica més) i ens centrem en les dues primeres.

Per estalviar-vos la incertesa, no em fa res afirmar que respecte la primera sóc més aviat escèptic, i que en conseqüència, m'inclino més per la segona, amb tots els matisos que calguin. I aquestes són les meves raons.

En primer lloc, la proposta continuista o legalista, és a dir, la primera, parteix d'un defecte consubstancial, que jo considero impossible de solucionar. I és que fa imprescindible la col.laboració dels espanyols. Sense el seu vist-i-plau, la proposta és impracticable. I no és només perquè històricament els espanyols mai se n'han anat pacíficament d'una terra que ocupaven, sinó perquè, com recentment ha quedat pal.lès amb la sentencia del Tribunal Constitucional espanyol respecte la proposta Ibarretxe, que ja comentava fa dues setmanes, es neguen en rodó a acceptar cap altre *demos*, que no sigui el conjunt dels ciutadans de l'estat espanyol. De manera que el referèndum per la sobirania l'haurien de votar tots ells. No cal ser gaire perspicaç per saber què votaria una immensa majoria d'ells.

Tot i així reconec que si el camí legalista entra en un cul-de-sac polític a nivell de la legalitat espanyola, quedaria el camí de recórrer a les instàncies internacionals. Que és precisament el que ara està fent Ibarretxe.

Per contra, la segona proposta, de caràcter rupturista amb la legalitat espanyola, té l'avantatge que només depèn dels catalans i les catalanes. Es tractaria que en una campanya electoral, els partits es posicionessin clarament favorables a una declaració de sobirania si en resultessin majoritaris. Així de senzill. Si el partit o partits que es proposen declarar la Sobirania ho explicitessin en la seva plataforma electoral, i obtinguessin el suport popular, estarien democràticament legitimats per procedir immediatament a una Declaració de Sobirania, encara que seria bo comptar al mateix moment amb el suport d'alguns estats amics que reconeguessin immediatament el nou estat independent (seguint l'exemple kosovar). Caldria també una intensíssima campanya mediàtica i de relacions públiques. I sobretot caldria exercir el poder efectiu damunt el territori, evitant, doncs, esclats de violència que qüestionessin l'autoritat efectiva del parlament i del govern. Naturalment, els espanyols intentarien muntar merder, però aquí, novament una intel.ligent política exterior hauria de donar com a producte que les principals potències mundials "aconsellessin" Madrid de prendre's una til.la. Per altra banda, el desastrós resultats de l'akelarre del passat diumenge -on convocaren més d'una vintena d'associacions i partits!- demostra ben clarament la feblesa de l'espanyolisme troglodita al Principat, si més no.

No és descartable, però, que els espanyols, obviada la via militar (eventualment) s'aboquessin a la via judicial, a la qual tan avesats estan darrerament i decretessin la il.legalització dels partits polítics sobiranistes. O fins i tot, com a darrer recurs, convoquessin una mena de Marxa Verda a l'espanyola per tal d'ocupar *civilment* Catalunya. De fet, des de la COPE molts atiadors de l'odi estan reclamant una cosa semblant, és a dir, que centenars de milers d'espanyols marxin a Barcelona, dit sigui de passada, com **Mussolin**i va fer amb la Marxa sobre Roma, per ocupar el poder, l'any 1922. L'assalt a la Generalitat (Plaça de Sant Jaume i Parlament) probablement en serien les conseqüències. I la seva suspensió o dissolució, l'objectiu.

En aquest cas, caldria preparar estratègies de dissuassió per part del Govern de Catalunya, seguint, per exemple, les tècniques emprades pels eslovens per fer front a l'exèrcit iugoslau, o els bàltics a l'exèrcit soviètic, però adaptades al cas català. Naturalment, caldria reforçar la seguretat de les telecomunicacions (electricitat, internet, aigua, gas) i controlar des del primer moment les grans infrastructures (aeroports, ports, ferrocarrils, metro, centrals nuclears, pantans, TV3 i Sant Cugat, les torres de comunicació).

Un cop declarada la sobirania, i neutralitzada la reacció espanyolista, s'instauraria una nova legalitat, elaborant la Constitució de Catalunya i sotmetent-la a referèndum, tot sempre sota supervisió internacional, que hauria d'estar especialment amatent als moviments de la diplomàcia -i la frontera- francesa i molt probablement també de la vaticana, adversaris tradicionals de Catalunya.

QUI NO LA FA NO LA PAGA (O NO SIGUIS RACISTA)

8 octubre, 2008 |

Catalunya, en la darrera dècada, ha rebut una allau de població procedent d'arreu del món. Entre un i dos milions de persones s'han establert en les nostres ciutats i comarques i en moltes d'elles han significat un autèntic sisme demogràfic. Aquesta nova allau immigratòria, l'enèssima en la nostra mil.lenària història té quelcom especial. És la immigració de la globalització. Avui es pot ben bé dir, que el món *és* a Catalunya. Falta ara, la rèplica, és a dir, que Catalunya sigui *al* món. Naturalment, per ella mateixa, és a dir, com a estat independent i sobirà, formant part de les nacions lliures del món.

Només a l'àrea metropolitana de Barcelona es parlen prop de 300 llengües, la qual cosa demostra la imbecil.litat dels plantejaments ridículs de Catalunya com un país bilingüe. I un bé negre! Els discurs espanyolista xoxeja. És com si encara no s'hagués assabentat que un altre dels seus referents retrògrads, el del "mercat nacional", ja és aigua passada, atès que avui el nostre mercat és el món, i en conseqüència, Espanya representa una quota més petita en les exportacions i importacions catalanes. Sembla que el sr. Vidal-Quadras, tan modern que es vanta de ser, això encara no ho té après...

Però realment, el propòsit d'aquest article no és, per variar, pentinar els espanyols, per molt que s'ho mereixin. No. El meu propòsit és adreçar-me a aquells catalans normals, és a dir, independentistes, que manifesten sovint -si més no en converses en les que m'he vist implicat- una actitud de recança, de desconfiança o directament d'animositat en contra els nous vinguts. Potser el que llegireu ara ho titllareu de barrabassada, atès que en les darreres

45

setmanes un personatge impresentable, un tal **José William Vega Garcia**, líder d'*Asocolombia*, una entitat que pressumptament aplega ciutadans colombians residents a les Balears i Pitiüses, ha cridat al boicot als productes etiquetats en català, però cal destriar el gra, de la palla, i sobretot tenir present dues coses. La primera és que així com penso que qui la fa la paga, també penso que qui no la fa, no la paga. I segona, que no podem caure en les trampes que ens preparen els espanyols, i, naturalment, l'episodi d'*Asocolombia* és una trampa dels espanyols, com ho demostra l'ampli ressò mediàtic que ha tingut de la mà de la brunete mediàtica, amb El (in)Mundo al capdavant.

La meva tesi central, en aquest sentit, és que no podem convertir la nova immigració com un obstacle a la independència. Ans al contrari, Jo més aviat la veig com una oportunitat. I encara aniria més lluny. Posar la nova immigració en el punt de mira, com alguns dels meus interlocutors sovint fan, és un error terrible, perquè és crear un hipotètic nou enemic, a major benefici de l'únic enemic que tenim els catalans que són els imperialistes, genocides espanyols (i naturalment, els francesos, a la Catalunya Nord). I només falta crear un nou enemic, quan el que tenim actualment, el patim des de fa 300 anys, que no hem estat capaços de deslliurar-nos-en.

Hi ha una cosa que ha d'estar clara. Quan els immigrants romanesos, pakistanesos, subsaharians, andins, etc. arriben a Catalunya, no arriben amb la idea preconcebuda de fotre els catalans. I això és així per la senzilla raó que no són espanyols, ni se'n senten. No són catalanòfobs. Perquè, entre d'altres raons no tenen ni punyetera idea què és Catalunya. Cal tenir present que per ser un genocida imperialista espanyol, cal mamar des de petit la catalanofòbia, és quelcom que s'aprèn a les cases, a les llars, com aquella nena a Terol, d'uns vuit anys d'edat que quan el meu fill li digué que era català li va etzibar sense immutar-se "*Mi papá dice*

46

que el catalán es una mierda".

Un romanès, un pakistanès, un subsaharià o un andí a Catalunya mai assumirà la catalanofòbia, a no ser que nosaltres mateixos li'n donem motius. Si aconseguim que la seva incorporació a la societat catalana sigui el més ordenat i progressiu possible, el risc de rebuig disminuirà considerablement -tot i que probablement sempre hi haurà col.lectius fonamentalistes, diria que és inevitable, aquí i arreu d'Europa. Naturalment, per aconseguir aquest propòsit calen polítiques socials, i per desenvolupar polítiques socials calen recursos econòmics. I per aconseguir recursos econòmics, de debò, no engrunes i misèries autonòmiques. Ens cal la Independència. Només d'aquesta manera estarem en disposició de tenir els instruments necessaris -o els mínims necessaris- per afrontar aquest repte. Un repte, per altra banda, que també comportarà canvis en la catalanitat nostrada, com no pot ser d'una altra manera. Serem, o som ja, una Catalunya més pluriracial, plurilingüística i plurireligiosa. Perquè el món ho és.

Però mentre no arriba la Independència, i ja per acabar, penso que la millor manera de relacionar-nos amb aquests nous col.lectius és parlar-los sistemàticament en català, particularment als joves i als que estan en edat escolar. Des del meu punt de vista, canviar a l'espanyol quan t'adreces a un immigrant, no és més que un acte de racisme subconscient, atès que la simple "visibilitat" de la diferència condueix al canvi d'idioma. Paradoxalment, aquesta visibilitat, inexistent en el cas de les onades immigratòries procedents de les regions espanyoles, pot ajudar a la normalització lingüística. Són molts els joves immigrants o nascuts a Catalunya però de pares immigrants que ja han estat escolaritzats en català i el parlen perfectament, però que com a conseqüència de la seva "visibilitat" molts catalans se'ls adrecen en espanyol, de manera automàtica, inconscientment. És el nostre racisme. Un racisme que a més d'estigmatitzar-los, va en contra del que hauria de ser un objectiu central de la Catalunya del segle XXI, fer del català la llengua pública comuna, és a dir, la llengua en la que ens relacionéssim tots els catalans i catalanes independentment del nostre origen ètnic, cultural o religiós. No ens tirem, si us plau, pedres a la nostra pròpia teulada.

EN PARLEM?

15 octubre, 2008 |

Ara fa uns poques setmanes vaig obrir una causa al **Facebook**. Té per nom **World Coalition for Catalonia Independence** (WCCI) (8). Al llarg d'aquestes setmanes, la causa ha atret a un nombre creixent de malalts del Facebook, jo el primer, que s'hi han apuntat. En el moment d'escriure aquestes ratlles, concretament, som 601 els membres de la causa. Naturalment, no cal que digui que convido tots els lectors del BGS, a fer-se'n membre. Realment impressiona com d'una idea que es pareix en un moment més o menys lúcid d'inspiració i que la penges a la xarxa, es pot generar una resposta tan increïble. Fa fins i tot vertigen pensar què es podria aconseguir si disposés dels recursos adients (peles, personal i, sobretot, temps) en la quantitat –i la qualitat- òptimes.

Però naturalment, no tot són flors i violes. Quan tens una iniciativa que llances a l'esfera pública, el rebre clatellots d'un costat o un altre va amb el pack. Vull dir que és inevitable. Encara diria més, mal senyal si no els reps, perquè vol dir que a ningú no l'interessa el que fas –aquesta reflexió, *for the record*, se la dec al gran mestre **Ramon Barnils**.

En el cas de la WCCI, les hòsties han caigut pel fet que es

contempla l'ingrés de la Catalunya independent a l'OTAN i a la Unió Europea.

Alguns dels que prèviament s'havien afegit a la causa, quan, és de suposar que algú els advertí d'aquest detall, no trigaren ni tres segons en donar-se de baixa enmig de renecs i insults envers ells mateixos (suposo que per no saber prou anglès i per haver-se unit a ulls clucs) i immediatament contra la meva modesta i humil persona. Renuncio a reproduir alguns dels epítets que m'adreçaren, perquè no vénen al cas.

El que m'interessa tanmateix és la qüestió de fons. Una Catalunya independent hauria de ser membre de l'OTAN i de la Unió Europea? Jo, malgrat que em faci venir basques, considero que és inevitable, entre d'altres raons perquè és impensable que una Catalunya independent, fora d'aquestes dues organitzacions, pogués fer front a les pressions, exigències, ultimàtums espanyols que, naturalment, comptarien amb el suport de l'una i de l'altra. Són faves comptades.

De fet, la nostra participació a l'OTAN seria una condició *sine qua non* per que les grans potències del món –i aquí permeteu-me l'eufemisme- donessin l'ok a la independència de Catalunya abans que aquesta fos un fet. I com s'ha demostrat darrerament, només amb el suport de les gran potències del món –torna l'eufemisme- es pot assolir la independència fins i tot malgrat l'oposició de l'estat opresor i els seus potents aliats.

Dit d'una altra manera, pregunteu-vos cadascun de vosaltres si estaríeu disposats a renunciar a la independència a canvi de no pertànyer a l'OTAN. La meva resposta és naturalment negativa, entre d'altres raons, perquè si renunciem a la independència, continuaríem sotmesos a Espanya i França i, doncs, continuaríem formant part de l'OTAN, i a més a més no seríem independents.

L'actitud maximalista d'anar contra tot i contra tothom penso que és errònia. Si durant tres-cents anys hem estat incapaços d'alliberar-nos d'un estat en caiguda lliure com és l'espanyol, algú es pensa que, emulant l'exemple castrista, serem capaços de plantar cara no només als espanyols sinó a tots els seus aliats militars (OTAN)? Naturalment que no. I qui digui el contrari menteix o és un il.lús.

Per això penso que el més raonable és prioritzar. Per qualsevol independentista, la prioritat número 1 és aconseguir la Independència el més aviat posible. Si cal, pactant amb el diable. Si això no es té clar, és que no s'és independentista en primer lloc, la qual cosa, per altra banda, és perfectament legítima, però no s'és independentista. S'és revolucionari, internacionalista, cosmopolita, però no independentista.

Si, doncs, la primera prioritat és la Independència, qualsevol altra consideració que la destorbi ni que sigui lleument, ha de ser aparcada, o fins i tot rebutjada.

És així com han funcionat tots els moviments independentistes reeixits. Cap d'ells, repeteixo, cap d'ells ha sacrificat la possibilitat d'assolir avui la independència, en benefici d'aspectes secundaris, importants, però secundaris.

Primer la independència, com sigui i quant més aviat millor. I quan ja tinguem la independència, podrem començar a arreglar el món i a combatre les injustícies que hi ha. Però només des de la Independència. Perquè sense la Independència no som res. I el que encara és pitjor, sense la Independència, la nostra capacitat d'incidir en la resolució de les injustícies mundials és molt petita, per no dir nul.la.

Aquest és el meu pensament, i si cal continuar rebent mocs, els continuaré rebent. No m'importa. He dit.

"U" I "E"

22 octubre, 2008 |

Vull començar aquesta contribució setmanal demanant disculpes a un comentarista de la setmana passada, en *Joan P.*, amb el qual em vaig comprometre a replicar-lo en el següent post que pengés. Ho sento, no ho faré en aquest. Si m'enrecordo ho faré la setmana vinent. Ja veus, *Joan P.*, els blocaires, com els politics, tampoc tenim paraula. Som humans, com ells, però no tenim la cara de ciment que ells tenen, per no reconèixer els nostres errors. Espero que acceptis les disculpes i et demano una mica de paciència.

I és que, posats a parlar de cara de ciment, possiblement no n'hi ha de més dura que la d'en Duran i Lleida. I això malgrat el posat jovenívol que sempre busca, que sovint ratlla el ridícul. D'en Duran i Lleida, el mestre **Barnils** –ja veus, Arnera, els mestres també tenim mestres- va dir que era cristià de cintura cap amunt i demòcrata de cintura cap avall. Però no seguim per aquesta via, que encara prendríem mal.

I això em porta al tema del que vull parlar: el Congrés d'Unió. Un gran èxit mediàtic. La prova és que jo ara n'estic parlant –escrivint, vaja-, quan de fet, si fos mínimament malparit, l'hauria d'ignorar. La fórmula per aconseguir aquest èxit, però, no deixa de ser massa fàcil. Carregada contra Galeuscat, i naturalment posar al bell mig del missatge la reivindicació de la sociovergència. Amb això ja tens garantit que *La Vanguardia*, *El Periódico*, els sociates , i l'Alvarez de la UGT te la mamin fins a l'última gota. I de passada, poses a parir als convergents –bé a excepció de tots els Cullells convergents, molts dels quals m'aposto un pèsol que deuen haver tingut un orgasme que ni amb la Viagra l'haurien aconseguit.

Per acabar-ho d'arrodonir els *boys* Pelegrí i Espadaler no

han parat d'oferir showsd'independentisme *bashing*, és a dir entrar a sac contra l'independentisme, que ha fet bavejar com feia anys que no passava a la seva parròquia més integrista i conservadora.

Mal m'està el dir-ho però no puc més que afegir a aquests dos *pàjaros* un tercer al qual sempre li tenia una *flaca*. Em refereixo a l'Antoni Castellà. Toni, *tu quoque fili mi*? Un independentista declarat com tu, que sempre que pot pressumeix que el seu pare havia treballat a la SEAT... què fas amb aquesta penya? Més que un *Teatre de Guerrilla*, aquests tres *boys* han assumit el paper de *Guerrilleros de Cristo Duran*. Realment patètic.

Però hi ha un altre element que m'ha cridat l'atenció. La *canallesca*, per entendre'ns, els mèdia han destacat amb admiració gens dissimulada les majories a la búlgara que ha tingut en Duran. De fet, els sobiranistes del col.lectiu *El Matí*, han estat exterminats. Tant que es plantegen cardar el camp del partit. Ai si en Carrasco i Formiguera aixequés el cap! Segur que no serien necessàries bales espanyoles per tornar-lo a matar, moriria de pena i de fàstic.

Se m'acut una explicació d'aquesta majoria a la búlgara. Unió, que ben bé, podríem passar-la a anomenar U, perquè cada cop és menys democràtica i menys catalana, és un partit de càrrecs, bàsicament. Tothom té una menjadora assegurada. Això crea unes lleialtats a prova de bomba. Aquí no es mou ni déu (i mai millor dit). De fet, U representa la quintaessència del partit escala, trampolí o llençadora, i no m'estranyaria que els actuals dirigents d'E, encara estiguin recollint les seves bavalles tot somniant algun dia en emular per l'esquerra el paper que fa U per la dreta. És a dir, un partit xupòpter, de missa (laica, però missa), de quatre gats, tots ells cobrant un sou public, que atesa la seva imparable davallada electoral, acabarà coaligant-se amb els sociates, com U ho fa amb els convergents, amb uns resultats més que interessants. No debades, l'Iceta ja comença a parlar del tercer tripartit...

U i E... potser seria hora de començar a pensar en V, de vendetta.

PAÍS PETIT?

29 octubre, 2008 |

Malgrat que la solució fàcil seria parlar ara d'un president en hores baixes, penso que he de complir la meva paraula i argumentar les raons de la meva oposició radical al blaverisme del nord.

Ho sento si començo fort, però ja ho he escrit en altres ocasions: a mi em preocupa més el blaverisme del nord, és a dir, el de les quatre províncies o de la Comunitat Autònoma de Catalunya (CAC), que no pas el blaverisme del sud, l'anomenada pesta blava.

Deixem-ho clar des d'un bon principi. La meva nació s'estén des de Salses a Guardamar i de Fraga a Maó. I això no hi ha déu que ho canvïi. Per a mi, tant catalana és Benidorm com Olot, Maó com Mequinensa, Prada de Conflent com Reus. No hi ha res ni ningú que em faci canviar aquest posicionament. I per això acuso als partits catalanistes d'haver renunciat en els darrers trenta anys a fer acte de presència en la vida política quotidiana del 40% de la nació catalana.

Només darrerament, un partit parlamentari ha gosat trencar el tabú de les fronteres internes. Malauradament, però, el que semblava una opció interessant sembla haver-se desviat cap a la consolidació d'una mena de virreis territorials que monopolitzen la representativitat *regional*, i impedeixen la normalització orgànica en les comarques de fora del Principat.

53

Des del meu punt de vista, renunciar d'entrada al 40% de la Nació és un error per diversos motius.

Primer. Més que l'abast de la renúncia, el fet greu és la pròpia renúncia. Vull dir que si renunciem una vegada, perquè no podem renunciar una altra? Un cop establert el precedent, no hi ha cap motiu perquè hi tornem una altra vegada. I si renunciem al 40%, perquè no al 45% o al 50%. Ja posats regalem també les terres de l'Ebre o les comarques de la Terra Ferma, i així anar fent fins quedar reduïts a un país de liliput, format exclusivament per les comarques més nordorientals. Fins i tot n'hi haurien que deixarien de bon grat Barcelona de costat i fundarien la capital de la Catalunya *catalana* a Vic, Olot o Girona.

Dos. Contràriament, cal aspirar a tot, al 100%. I a partir d'aquí engegar un procés d'acumulació de forces que tindrà la força que tindrà i que ens permetrà arribar allà on podrem en funció de la correlació de forces amb els nostres enemics. És aquesta la lògica que s'ha d'aplicar. És la mateixa que apliquen tots els moviments d'alliberament nacional, fins i tot en situacions molt més greus que les que es donen a les comarques més espanyolitzades de la nostra Pàtria. Si treballem bé, perquè conformar-nos amb un 6 i no aspirar al notable o a l'excel.lent? Ara cal treballar bé.

Tres. Hi ha qui defensa que el més important és alliberar primer el Principat i després, ajudar *als nostres germans*, a aconseguir el seu alliberament i posteriorment procedir a la reunificació. Permeteu-me que sigui escèptic. Un cop una nació accedeix a la Independència, les noves fronteres es converteixen en un tema sagrat, de manera que difícilment poden ser qüestionades pel nou estat independent. Més encara, les autoritats del nou estat, tendeixen a *passar pàgina* i deixar que els territories que no han pogut formar part del nou estat, es busquin la vida. Els cas irlandès, amb els sis comtats del nord és l'exemple més fefaent. La reunificació nacional encara no s'ha aconseguit, després de dècades d'independència del sud. I ha estat gràcies a que els nord-irlandesos s'han buscat la vida, que encara resisteixen. Però les autoritats de la República d'Irlanda, sovint han estat xaiets obedients a les polítiques repressives britàniques i a la pressió de l'altra banda de l'Atlàntic.

Per acabar. Renunciar *a priori* és facilitar la feina als espanyols. Els espanyols mai, repeteixo, mai, renunciaran a un pam de territori. I per desempallegar-nos-en, haurem d'abocar-hi molts esforços. Si els regalem ja d'entrada el 40% la pressió sobre la resta serà encara més forta i asfixiant.

Cal anar a per totes.

QUAN ELS ESPANYOLS FAN EL RIDÍCUL AL MÓN

5 novembre, 2008 |

El culebrot d'en ZP suplicant que el deixin participar en la conferència de la "*refundació del capitalisme*" assenyala que els espanyols estan dels nervis i si cal no es priven de fer el ridícul per tal de sortir a la foto. Jo sempre he pensat que una part de l'estratègia espanyola en les relacions internacionals i diplomàtiques es basa molt més en l'aparença que en la realitat . Juguen a ensarronar els seus interlocutors, assumint el paper de gran potència històrica. Però cada cop enganyen a menys gent.

Els independentistes catalans hem de seguir una estratègia que converteixi Espanya en un *estat pària*. És a dir, un estat menyspreat per la comunitat internacional. Aquesta ha de comprendre que si es vol rehabilitar, Espanya ha de patir transformacions estructurals enormes, la primera de les quals és, sense cap mena de dubte, deixar que les nacions que ocupa s'autodeterminin i assoleixin la independència. Aquesta condició *sine qua non*, facilitaria un

55

veritable capgirament de les estructures econòmiques i socials espanyoles i a l'hora permetria als nous estats independents (i de manera especial a Catalunya) assolir uns estàndards econòmics, educatius i socials equivalents o superiors a la mitjana europea.

Però mentre Espanya, l'estat espanyol, continuï sent una presó de pobles, una gran part dels seus esforços i recursos econòmics es dirigiran a preservar la dominació política, cultural i econòmica sobre aquests, de manera que no s'aplicaran al desenvolupament econòmic i cultural.

Ells han de comprendre que mentre prioritzin l'opressió de les nacions no espanyoles, podran beneficiar-se a curt terme de l'espoli fiscal, però a la llarga aplaçaran les urgentíssimes reformes que han d'emprendre, perquè el model de desenvolupament econòmic sorgit del capitalisme franquista i continuat durant els anys del postfranquisme està a punt d'extingit-se.

Una de les raons d'aquesta extinció és que la "vaca catalana" ja dóna senyals d'extenuació productiva. Cada cop és més difícil i costós treure-li la llet que durant els darrers decennis rajava sense aturador. De tant que l'han espremuda, s'està quedant seca.

I les previsions són alarmants. La taxa d'atur remuntarà fins superar el 15%, les deslocalitzacions s'incrementaran, així com la població pobra, exclosa socialment. A hores d'ara la població aturada a tota Catalunya és la impressionant xifra de 700.000 persones, i la població considerada pobra fluctua entre el 27 i el 30%. Si a això afegim l'enorme taxa de fracàs escolar, tenim un panorama ben galdós. La nostra subordinació a Espanya és cada cop un llast més difícil de carregar.

Per altra banda, l'omnipresència de la llengua espanyola, un tema al que dedicaré un proper article, en la societat catalana, l'aïlla dels processos de globalització i

56

particularment del fet que els postres joves tinguin un coneixement decent de la llengua anglesa, Única llengua franca del món actual. I objectivament situa els nostres joves en una posició feble respecte altres joves europeus que sí que tenen un nivell d'anglès més que acceptable,, i en molt casos, hi excel.leixen

Per contra, la independència de Catalunya alliberaria una quantitat enorme de recursos. La creació dels atributs obligats de tot estat nou, tals com els serveis diplomàtics, l'exèrcit, grans infrastructures, aixugarien una part significativa de la població aturada. El sistema financer català, majoritàriament representat per les caixes d'estalvis, s'abocarien més decididament a les prestacions socials que complementarien les despeses del nou estat per lluitar contra la pobresa i l'exclusió social. Recuperar els 10% del nostre PIB que a hores d'ara se'n va a Espanya i no torna, injectaria una vitalitat sense precedents, i fins i tot estic segur que podríem dedicar, en senyal de bona voluntat, un 0.7% del nostre PIB a projectes de solidaritat amb les regions més pobres d'Espanya, del Marroc i de l'Amèrica Llatina.

En aquest sentit i per concloure, penso que quan els espanyols van gallejant, com sempre, que són la 8ª potència econòmica mundial, haurien de tenir en compte que entre un 30 i un 35% d'aquesta potència, pel cap baix, prové de l'espoliada Catalunya. I que sense ella, ni 8ª, ni probablemente 25ª potència mundial.

Però la veritat és que no em preocupa que els espanyols se n'adonin *d'aquest petit detall*. Entre d'altres raons perquè estic segur que en són plenamente conscients. El que realment em preocupa és que ens adonem els catalans i les catalanes. Que obrim els ulls i que deixem d'autopercebre'ns com un país petit.

"I'M FED UP WITH YOU, GUYS!"

12 novembre, 2008 |

After having read many times The Economist's piece *"How much is enough?"* (November, 6th) (9), I can only say *"I'm fed up with you, guys"*. It is an example of biased journalism. Well, to be truth, this is not journalism. It comes straight from a Spanish government-contracted PR agency.

Your approach to the issue is clearly committed to one point of view. So, now, it seems that Liberty has degrees, right? Of course not. Liberty has no degrees at all. You're free to choose your own future or you're not free, and someone decides your future on your behalf. That is the key question.

From the author's point of view, Catalans do not deserve the same rights as Slovenes, Slovaks, Finnish, Lithuanians, or Irish peoples. Are Catalan human beings, with dignity and rights , or only subjects to tax extraction, cultural annihilation and economic and social impoverishment?

If, as the author states, Independentism is marginal, why the Spanish government, politicians and media oppose to a Catalonia self-determination referendum?

Are Catalans not entitled to decide their own future? Are we different from other Europeans nations?

After more than three centuries of Spanish and French aggression, we're still alive. We've survived, and yes, we have failed to gain statehood. But also we have overcome extinction. Sometimes paying a big price, in lifes and pain. So here we are.

And believed it or not, Spanish credit is exhausted. The autonomy model will be killed in a matter of weeks, thanks to the Constitutional Court sentence. The federal model is a bad joke. No one is federalist in Spain.

The only *"great Spanish project"* is the one that sees

Madrid as the cosmic, universal center of the World, even though they have failed to be an Olympic City (sorry, *amigos*, I think that 2016 won't be your turn... again).

The only *"great Spanish project"* is a racist driven vision of the cultural diversity principle. A vision that considers there are cultures and languages not only different, but superior than others. And that those inferiors cultures fate is extinction in a more or less tolerant way.

The only *"great Spanish project"* is the one that exists in the mind −and the pocket- of those puppet Catalan politicians like Mr. Narcís Serra −implicated, by the way, in the dirty war against ETA, that is in the state-sponsored terrorism in the eighties- or like J.A. Duran i Lleida −whose party faces very serious judicial problems due to corruption accusation-, that deny to their own people the right to a better life, with liberty and dignity...

In fact, what this article shows is the fear and terror that Spanish politicians and media have that sooner than later a vast majority of Catalans will opt democratically for Independence. And to the fact that to oppose such a decision, the Spanish government won't be able to use the army, since that will be condemn by NATO and EU partners, and of course by public opinion -may be with the exception of *The Economist*, that will applaud it.

(And because the Spanish state lacks the economic and military resources needed, other than the pure *macho element*, that is *"balls"*).

Is it necessary to remind you that Spain has not yet recognized Kosovo Independence? You may say that Catalonia has nothing to do with Kosovo. May be you think that they belong to different planets. But that's not true, I know for sure. What's more, they belong to the same continent. Of course they are different cases. But precisely because they are not the same cases, why Spain is afraid to

59

recognise Kosovo Independence? Because they know perfectly well the implications of such recognition.

The next Independence wave, in the following decade, will include Quebec, Scotland –less probably, Wales- and, yes, Catalonia's. Also it will see the break-up of Belgian federation and Ireland reunification.

So I advise you to sit in a couch and try to assimilate it. Because you will see it, and better to accept it in the name of Liberty and Democracy. On the contrary, you will have to swallow all of it. From the beginning to the end, *my friends*.

PROGRAMA INDEPENDENTISTA

19 novembre, 2008 |

Aviat hauran eleccions al Quebec. Sobre la meva opinió al respecte, la podeu llegir aquí. Naturalment, aquests dies n'estic fent un seguiment proper, i particularment de la que podríem anomenar la quebecosfera sobiranista.

Estic repassant, com no podia ser altrament, els programes dels partits independentistes que s'hi presenten. El **Partit Quebequès** (PQ), que té el gran repte de guanyar-les o si més no de recuperar el rol d'Oposició Oficial, en detriment de l'autonomista Acció Democràtica del Quebec, una formació que es desinfla a marxes forçades. Naturalment el PQ concentrarà gran part del vot sobiranista, però no la seva totalitat.

Hi ha altres formacions minoritàries que també es presentaran, tals com **Quebec solidaire** (QS) i el **Parti Indépendantiste** (PI, aiaiaiai). En el web d'aquest últim, hi ha la relació de mesures concretes que proposen portar a terme si obtenen el triomf. Si us sembla, en destaco aquells elements que em semblen més rellevants. Naturalment, ho faré de forma telegràfica. Ho faig per si algú pot agafar una mica d'inspiració. Us, presento, doncs, un programa independentista.

1. Accessió a la independència

a. Elecció d'una majoria de diputats independentistes

b. Declaració d'Independència per l'Assemblea Nacional

c. Aprovació d'una Constitució provisional de l'Estat del Quebec lliure i independent (incloent-hi la creació d'una Cort Suprema del Quebec)

d. Constitució d'una assemblea encarregada, després de la celebració d'audiències populars, d'elaborar un projecte de constitució permanent que sera sotmesa al poble a través de referendum.

2. Quebec francès i ciutadania

a. El francès com a llengua official i comuna del Quebec.

b. Ciutadania quebequesa i passaport quebequès.

c. Reforçament de la Carta de la Llengua francesa, en especial en referència a la llengua en el treball.

d. Educació secundària postobligatòria en francès per a tothom.

e. Abolició dels privilegis religiosos.

f. Control ple i sencer de la immigració.

g. Selecció dels immigrants en funció del seu coneixement del francès, i del respecte a la cultura, les lleis i els valors quebequesos.

h. Francesització dels refugiats i dels residents estrangers que no dominen el francès.

i. Adquisició accelerada de la ciutadania quebeques per als Franco-canadencs i franco-americans que optin per establir-se al Quebec.

3. Desenvolupament econòmic, social i mediambiental

a. Augment de la productivitat i la innovació de les empreses quebequeses

b. Ajuda al desenvolupament de les PIMES en els sectors de l'alta tecnologia i de l'economia verda.

c. Montréal, metropoli francòfona d'Amèrica.

d. Control de la via maritima del riu Sant Llorenç. Control dels ports i aeroports. TGV Quebec-Montreal-Nova York. Desenvolupament d'una xarxa de ferrocarrils de transport de passatgers i de mercaderies.

e. Nacionalització indústria eòlica. Control nacional de l'aigua, el bosc i les mines.

f. Adopció d'una carta quebequesa del medi ambient. Respecte al protocol de Kyoto i als acords post-Kyoto.

g. Seguretat energètica (desenvolupament del potencial hidroelèctric, soterrament de les línies de transport electric, desenvolupament d'energies verdes.

h. Seguretat alimentària (protecció dels productes agrícoles quebequesos, desenvolupament agricultura biològica , etc.)

i. Increment del protagonisme de la Caisse de depot i placement en el desenvolupament econòmic del país. Retenció de seus socials. Millor utilització dels estalvis quebequesos per al desenvolupament econòmic.

j. Establiment d'una Borsa Nacional, d'una Oficina de patents, Oficina de lluita contra l'atur, Servei Quebequès de Correus, d'un Règim quebequès de pensions de vellesa.

k. Preservació del caràcter public del sistema de sanitat i del caràcter universal de l'atenció sanitaria

l. Creació d'una Agència de Duanes

m. Un sol impost, quebequès, de renda, i una única taxa de vendes.

4. Educació, família, cultura i esport

a. Augment del finançament de la xarxa escolar i universitària en francès.

b. Implicació massiu en la formació professional i tècnica per tal de lluitar contra l'abandonament escolar i afavorir la reinserció laboral dels aturats.

c. Formació de més metges, infermers, enginyers, científics i investigadors.

d. Creació d'un curs d'Història Nacional a primària i reforçament dels

62

cursos de francès.

e. Una sola xarxa escolar integrada.

f. Política familiar que afavoreixi la possibilitat d'elegir de tenir fills.

g. Política nacional de comunicació i telecomunicació. Creació d'una CRTVQ, d'una televisió i d'una ràdio nacionals.

h. Suport adient als creadors artístics.

i. Política nacional de l'esport lligada al desenvolupament dels joves

j. Seleccions nacionals d'hoquei sobre gel i de futbol.

5. Relacions Internacionals i Diplomàtiques

a. Creació d'un Ministeri d'Afers Exteriors

b. Acció política per obtenir el reconeixement internacional dels països amics.

c. Repatriament immediat dels soldats quebequesos a l'Afganistan.

d. Demanda de presència al si de les instàncies internacionals (ONU, UNESCO, Francofonia, OMC, OTAN, ALCA, OEA...).

e. Membre de ple dret de l'Acord de Lliure Canvi d'Amèrica (ALCA).

f. Negociacions per concloure un acord que asseguri la lliure circulació de béns, serveis, persones i capitals amb el veí canadenc.

g. Diversificació de les relacions comercials.

h. Negociacions per concloure un acord de lliure canvi amb França i Europa.

i. Negociacions post-Kyoto per lluitar activament contra el canvi climàtic.

j. Ajuda al desenvolupament dels països pobres.

k. Establiment d'ambaixades quebequeses en els països amics.

Com es pot veure, alguns dels punts esmentats deriven de la situació geogràfica del Quebec, en territori americà. D'altres ja són una realitat a Catalunya (si bé, una realitat que sovint és un malson, com per exemple la CCMA). Però és evident que molts d'aquests punts −tot i que telegràficament exposats- podrien ser d'aplicació a casa nostra, amb els canvis corresponents, naturalment. Algú s'hi inspira?

SR. ARTUR MAS, VULL SABER SI VOSTÈ ÉS INDEPENDENTISTA: SÍ O NO?

26 novembre, 2008 |

Disculpeu que repeteixi l'estratègia, algú dirà de marketing, d'aprofitar el meu article setmanal al BGS, per fer propaganda de les causes que decideixo tirar endavant a xarxes socials, com ara el Facebook. I és, l'altre dia, després de llegir el magnífic article del company Arnera, i sobretot, després de llegir els comentaris que suscità, podem dir que se'm creuaren els cables. Però se'm creuaren correctament, de manera que feren contacte i s'il.luminà la bombeta del meu cervell o els xips del meu disc dur, vés a saber.

I vaig decidir crear la causa que porta per nom el titular d'aquest article. Per entrar-hi, aquells que ja esteu al Facebook, cliqueu aquí. El primer dia ja érem 98 membres. I en el moment de redactar aquestes línies, ja som 160!

Les raons per les quals vaig decidir crear-la tenen a veure amb l'actitud de determinats comentaristes i, això no obstant, amics i compatriotes que ens matxaquen, a gent com en Joan o com una servidora, dia sí i dia també, amb la frase comminatòria de marres "*O Mas o Montilla*", "*O Mas o Montilla*", "*O Mas o Montilla*", dia i nit, nevi, plogui o foti una calor per a fregir-se. Són una autèntica gota malaia.

(Dit sigui de pas, aquest plantejament tancat i blindat, que no accepta cap altra possibilitat, ja el vaig escoltar, amb unes paraules més amables, a en **David Madí**, en un dels sopars blocaires organitzats pel **Dessmond** (per cert... ja?_)

Si voleu que us digui la veritat és que aquesta dicotomia tancada i bloquejada em recorda d'allò més als

64

plantejaments comunistes de la III Internacional, on qui no s'arrenglerava amb la línia del partit era directament purgat...."*O amb mí o contra meu*". Cap matisació, cap aclariment. O blanc o negre. O roig o blanc. O roig o blau.

Sincerament penso que ja és hora d'aturar aquest tam tam endimoniat. I la millor manera que se m'ha acudit és adreçar-me directament a l'objecte del desig dels comentaristes: el sr. **Artur Mas**.

Donat que jo sóc un dels 350.000 ex-votants d'ERC, la immensa majoria dels quals som independentistes que no ens sentim atrets per la praxi autonomista de CiU, penso que és lògic que preguntem directament al líder de CiU si ell, personalment, és independentista. Perquè nosaltres votem independentista.

Efectivament, vull que l'Artur Mas surti de l'armari... de l'armari espanyol, naturalment i que declari públicament que ell, com a ciutadà és partidari de la independència de Catalunya. Vull que els ciutadans tinguem coneixement directe de com pensa el candidat en aquesta qüestió.

Fixeu-vos que la meva demanda no va adreçada al partit, ni a la coalició. Va adreçada únicament i exclusiva al sr. Mas. Fixeu-vos, també, que la meva demanda no porta associada una possibilitat de vot en funció de la resposta.

No. Ho vull saber per tenir més informació que em permeti exercir amb més coneixement el meu dret de vot – que naturalment inclou el dret de no votar.

És el moment adient. Els poders fàctics exerceixen unes pressions enormes cap a la sociovergència, la crisi econòmica colpeja durament el país, Duran i Lleida està totalment fora de control, els sociates i els seus acòlits d'ICV I ERC estan directament a les orders de Moncloa o de Ferraz...

Vull rebre una resposta clara i sense ambigüitats. D'aquesta manera quan els nostres comentaristes tornin a posar-nos el dit a l'ull, els podré contestar que si blanc o que si negre amb coneixement de causa.

Una darrera cosa. Quants més serem a la causa, més forta serà la pressió que actuarà com un efecte bola de nou...

Acabo l'article i comprovo que, gràcies a l'Andreu a en Xavier i a la Mònica, ja en som 163. Som-hi!

L'ESPANYOL, UN GRAN OBSTACLE PER A CATALUNYA]

3 desembre, 2008 |

L'altre dia l'ex-cap de comunicació d'en Montilla, que porta per nom Toni Bolano, en els micròfons de RAC1, en el programa d'en Basté, va gosar dir que ell estava molt content perquè els seus fills parlen catanyol. O una cosa semblant.

Jo que normalment escolto –més aviat hauria de dir pateixo- la tertúlia del sòmines d'en Basté –una nul.litat de periodista, per cert- tot conduint, quan vaig sentir aquestes paraules quasi foto un cop de volant i la munto enmig de la Ronda de Dalt. Per sort no ho vaig fer.

Naturalment l'opinió del Sr. Bolanyo no em treu el son. Però el que cada cop em rebenta més és aquesta tendència de molta gent, corregeixo, de molts catalanoparlants, a incloure sistemàticament paraules espanyoles en els seus diàlegs. Com si amb el català no n'hi hagués prou i calgués reforçar-lo amb el préstec lingüístic corresponent.

Ara només faltava el premi que li han donat al Marsé de marres, per difondre *"el castellano que se habla en Barcelona"* i que se suma al que Planeta li va donar al Sabater. L'ofensiva de l'espanyol, doncs, continua per terra, mar i aire, que es deia en la meva infantesa –si no m'equivoco era el títol d'un programa de la televisió

66

franquista... (Aiaiai, que ja veig, vaticino, que la Chacón en farà un remix... i compte que jo amb la Chacón sempre l'acostumo a encertar).

Tanmateix, ha de quedar una cosa ben clara. A hores d'ara, l'espanyol és un obstacle per a la globalització. A Catalunya, naturalment. Els poders fàctics, volen que ens globalitzem en espanyol, i això és un veritable desastre. Posant-nos a globalitzar, el més lògic és que ens globalitzem en la primer llengua global, que no és altra que, naturalment, l'anglès. I és que des dels suecs, als polonesos, dels dels lituans als portuguesos, des dels italians als belgues, tot els joves d'aquestes nacions, d'aquests estats, tenen l'anglès com a llengua per relacionar-se els uns amb els altres. I els estudiants, universitaris o no, el parlen de forma més o menys generalitzada. A Catalunya, penso, l'anglès ha de ser la segona llengua de l'escola. Sense que això vulgui dir que no es puguin impartir terceres o quartes llengües.

En canvi, a la Catalunya autonomista, monàrquica, queca, poca-cosa, continua fixada només en el que passa no a la resta del món, sinó únicament i exclusiva a Madrid. I es preocupa per la salut de l'espanyol, no fos cas que prengués mal. Fins i tot el sòmines d'en Basté −i no és que el consideri referència de res- l'altre dia encara considerava que la pedagogia, amb els espanyols, encara és possible!

Però serà tanoca! Els espanyols volen la nostra pell, la nostra llengua i la nostra dignitiat. Volen que ens dissolguem com un terròs de sucre en el seu cafè *para todos*!

Per això és tan important plantar cara a aquesta operació d'anorreament del català. Una operació que, per cert, compta amb l'ajuda inestimable de Tv3 i Catalunya Ràdio, convertides en veritables botxins.

No cal dir que en aquest sentit els diversos sectors independentistes, hem de continuar la mobilització i hem de tibar de la corda. No podem aturar-nos i cal lluitar amb totes les nostres forces. Que així sia!

DESNAZIFICACIÓ, DESESPANYOLITZACIÓ

10 desembre, 2008 |

L'estat espanyol és l'únic estat del món on el feixisme no ha estat destruït manu militari. I això es paga. Naturalment ho paguem els catalans i les catalanes amb un nivell d'agressió quotidiana impensable en qualsevol país desenvolupat. El feixisme banal espanyol es troba tant extés, tan assumit i tan interioritzat que resulta perfectament invisible. És la quintaessència de la banalització. La seva invisibilitat.

Disculpeu si començo amb aquesta digressió sociològica, però una servidora ha estudiat amb un cert detall el nacionalisme espanyol. Si fos un poca-solta diria que s´ha convertit en una mena de divertimento. Però no ho és.

A l'estat espanyol el triomf del nazisme té una conseqüència dramàtica: la cultura de la impunitat. La impunitat és el que caracteritza el governant espanyol. Sap que faci el que faci no haurà de retre comptes de les seves malifetes. Ningú gosarà tirar de la manta... entre d'altres raons perquè a tothom se li veurien les vergonyes.

I no m'estic referint només a l´àmbit del govern de l'estat, no. Em refereixo també a qualsevol àmbit polític. Per exemple l'àmbit local. Els batlles espanyols (recordo que la paraula alcalde, espanyola, és de procedència àrab, i més concretament de Al-qaeda, que com bé se sap vol dir "base"), són la personificació de l'autoritarisme i del despotisme institucionalitzat. Un autèntic càncer per a una cultura democràtica. Sempre he pensat que la República Catalana una de les primeres mesures que hauria de prendre –a banda d'il.legalitzar el PP, canviar el nom de TV3 i enviar la Rahola de corresponsal en cap de l'Agència Catalana de Notícies a Teheran o Islamabad- fóra el crear una nou poder local que recuperés els consells de cent, de la cinquantena o la trentena, així com els noms de batlle, síndic (com passa a Itàlia, per cert) o conseller, i escombrar tota la botifarrada borbònica i jacobina espanyola. Trencar amb l'oligarquia i fer els càrrecs locals molts més accessibles als ciutadans, no només afavoriria la proximitat entre el ciutadà i els polítics, sinó que afebliria les estructures rígides dels partits polítics.

Però m'estic desviant de la intenció primera d'aquest article. A l'estat espanyol no ha tingut lloc cap procés de Nuremberg. No s´ha penjat cap nazi, ni s´ha volat el cap a cap cap de policia feixista com va passar amb el de Roma, tal i com ens mostra el famós vídeo sobre el procés de depuració dels nazis immediatament després de la Segona Guerra Mundial. Un vídeo impressionant i tot s´ha dir, una mica gore...

Per això és normal que els espanyols prenguin els catalans pel pito del sereno, si se´m permet l'expressió. Estic segur que els espanyols tenen consciència del fet que assassinar a tot un President de Catalunya els ha sortit gratis. I si ho han fet una vegada, i no els ha passat res, segur que pensen que ho poden fer una segona. I punt. I si no assassinar-lo, sí que engarjolar-lo, com per cert els sociates van voler fer amb en Pujol.

De fet, els espanyols troben a faltar aquella reflexió que Azaña va escriure en el seu diari, sobre la necessitat de bombardejar Barcelona cada 50 anys. Ell, molt progre, ho considerava del tot necessari, i sobretot molt eficient. Era l'única manera de mantenir sotmesa la capital catalana des del 1714. L´única. Ara ja en porten quasi 70 sense fer-ho, i els budells se'ls regiren, el cos ho demana...

En l´hipotètic cas que calgués un argument moral per la Independència de Catalunya, que de fet no cal, perquè és una pura qüestió de sentit comú, de dos dits de front, aquest en seria un: la Independència de Catalunya comportaria un procés de desnazificació que porta ajornant-se dècades. Independència igual a desnazificació, és a dir a desespanyolització. I mori el Borbó... i Espanya!

ELS NOMS DELS 45 BOTIFLERS SOCIATES A CATALUNYA

17 desembre, 2008 |

Alfred Arola, José Manuel Bar, Meritxell Batet, José Guillermo Bernabeu, Ferran Bono, Meritxell Cabezón, Joan Calabuig, Herick Manuel Campos, Joan Canongia, Carme Chacón, Ciprià Císcar, Montserrat Colldefons, Joan Carles Corcuera, Teresa Cunillera, Esperança Esteve, Daniel Fernández, Juli Fernández, Maria Teresa Fernandez de la Vega, Anton Ferré, Antonia Garcia, Antonio Garcias, Carlos Gonzalez, Fèlix Larrosa, M Lluïsa Lizarraga, Isabel López, Manuel Mas, Carmen Monton, Sixte Moral, José Vicente Muñoz, Lourdes Muñoz, Maria-Gracia Munoz, Miriam Munoz, Montserrat Palma, Jordi Pedret, M Dolors Puig, Immaculada Rodríguez-Pinero, Joan Ruiz, Roman Ruiz, Àlex Sáez, Josep-Antoni Santamaria, Juana Serna, Jordi Sevilla, Pedro Solbes, Bernat Sòria, i Francesc Vallès.

QUE ELS SEUS INDIGNES NOMS QUEDIN GRAVATS EN TOTS ELS CERVELLS DELS PATRIOTES CATALANS, I QUE SE'LS PRIVI DE LA NACIONALITAT CATALANA UN COP ES PROCLAMI LA INDEPENDÈNCIA

70

PLEGAR DE VIURE ... ARA QUE GUANYEM...

24 desembre, 2008 |

Avui he fet un cafè amb en Xavier. Hem anat al restaurant que hi ha als baixos de l'Ateneu Barcelonès. Abans d'arribar-hi, però, ens hem trobat amb en Marcel. Durant deu minuts hem estat petant-la a peu dret. Jo els he presentat, atès que no es coneixien ells dos. La conversa ha estat agredolça. Però en Marcel i jo som optimistes, en canvi, en Xavier no, en absolut. I té molts motius per ser pessimista. Fixeu-vos el que us diré: ell és doblement doctor. Primer ho va ser en Sociologia, i més endavant en Història Contemporània. És una ment meravellosa (*A Beautiful Mind*), però no de pel.lícula, sinó de les de veritat, de carn i ossos. De matèria gris amb potes. Però, com que és un independentista de pedra picada, i no de moqueta i cotxe oficial, doncs ho paga. I ho paga amb un sou de merda en una universitat que seria de merda si no fos que porta el nom d'un dels personatges més rellevants de la Història Nacional de Catalunya, i encara que el nom no fa la cosa, en tot cas fa lleig associar el seu nom a quelcom escatològic.

En Xavier té 46 anys i diu que no arribarà als 50, més exactament diu que **no vol** arribar als 50. Que tot és una merda, que n'està fins als collons i que vol plegar. Em preocupa, en Xavier. És el típic rata de biblioteca que si fóssim independents, seria membre de l'Acadèmia de la Història, que per un sou simplement digne, escriuria pels descosits i les seves obres, no aptes per a postmoderns, sense tenir un impacte mediàtic, anirien donant gruix a l'alta cultura, a la cultura que no és passatgera. A la cultura que deixa petja.

Però no som independents, encara. I en Xavier no té paciència, com altres, per aguantar fins als 75 anys, continuant sent esclau. La seva lucidesa, la seva dignitat són incompatibles amb la xurma, la morralla, els detritus, la deixalla, el rebuig i l'escòria, en una paraula, amb la merda, que remena les cireres.

Naturalment, jo no goso comparar-me amb ell quant a capacitat intel.lectual. Però sí que penso que toco més de peus a terra que ell. Si se'm permet sóc més realista i més materialista que ell. Sóc tan materialista que per a mi, el 25 de desembre no és res més que la Diada de Francesc Macià, el nostre Pare de la Pàtria, l'home que ens retornà la dignitat, o que si més no, ens començà a retornar la dignitat. Amb encerts i amb algun error, cert. Però ningú no em negarà que si avui som on som és gràcies a que en un moment donat, Macià va trencar amb la legalitat vigent i va proclamar la República Catalana. Sense aquest *acte de violència* (que diria en Pedrolo), no hi hauria hagut ni Estatut del 31, ni del 32, ni del 79, ni la merda aquesta infumable del 2006, que espero i desitjo que el Tribunal Constitucional Espanyol matxaqui de dalt a baix, d'esquerra a dreta i de davant a darrere.

Xavier amic meu, plegar ara? Ara que guanyem? No t'ho pots permetre. Hem donat tant pel sac als espanyols, que estan perdent els nervis. És ara que hem de mantenir la calma. Els espanyols són la riota d'Europa, com ho demostra la seva obstinació a no reconèixer la Independència de Kosova. Hem de resistir una mica més... O és que no resistiren els catalans de 1714 o els de 1939? I objectivament la seva situació era molt pitjor... Si ja sé que em diràs que precisament per això ara estem pitjor... que quan l'enemic està definit, no hi ha problemes, ans al contrari, tot és molt més clar. En canvi, com passa ara, quan l'enemic sembla invisible o som nosaltres mateixos, el perill és molt més gran... I, com sempre, una part de raó tens. El catanyolisme és una autèntica plaga, que genera imbècils integrals. Però fins i tot tenint en compte això, els propis espanyols treuen foc pels queixals, no poden suportar cap manifestació de catalanitat... la seva intolerància està batent rècords i cada cop són més els catalans i les catalanes que arriben a la conclusió que amb aquesta gentussa no hi ha res a fer. Nosaltres, tu i jo, ja fa temps que ho sabem, això. Però ara són centenars de milers de persones que també ho saben, fins i tot gosaria dir, milions... i és per això que la responsabilitat i -perquè no dir-ho?- l'orgull i les medalles que ens pengen del pit, ens obliguen a continuar fotent-li, fins arribar a la victòria definitiva. El dia VE, el de la victòria sobre Espanya. I llavors, només llavors, quan els carrers estiguin plens de patriotes sortits de sota les pedres -molts dels quals, fins una setmana abans encara eren espanyols- amb calma i tranquil.litat, amb la consciència de la feina ben feta, podràs decidir què fer quan siguis gran.

I m'aposto un pèsol, que no serà plegar.

PEDAGOGIA INDEPENDENTISTA

31 desembre, 2008 |

Fer pedagogia independentista és una tasca del tot necessària. En aquest sentit, iniciatives com les de **Catalunya Acció**, o les de **Gent de la Terra**, entre d'altres, són un element cabdal per anar estenent la taca d'oli. Una taca que cada cop unta més la societat catalana, per cert. Tampoc cal oblidar la tasca de les plataformes sorgides darrerament com són **Sobirania i Progrés** (SiP) o la **Plataforma pel Dret a Decidir** (PDD), i les venerables **Òmnium Cultural**, **Acció Cultural del País Valencià** i **Obra Cultural Balear**, i les que cada cop tenen més presència a la resta de territoris històrics de la nació catalana -la Catalunya Nord, la Franja de Ponent i l'Alguer- com és el cas de la xarxa de Casals Jaume I.

No descobreixo res de nou si dic que aquesta ingent dedicació de persones, recursos i temps, tindria molt més rendiment si existissin uns mitjans de comunicació catalans clarament autocentrats (i aquí recullo les tesis del **col.lectiu Criteri**, amb el qual m'honora col.laborar regularment), que donessin més rellevància al que passa a Perpinyà, per exemple, que no a qualsevol població del cinturó de Madrid, de Castella o d'Extremadura.

A hores d'ara, només als mitjans digitals existeix una oferta catalanocentrada que competeix amb unes certes garanties contra la contaminació espanyolista. La ràdio, fins fa poc també era una mitjà força positiu, però la destrucció des de dins de Catalunya Ràdio, ha desequilibrat la situació. Pel que fa a la televisió i la premsa escrita, el panorama és força depriment, com ha denunciat contundentment en **Víctor Alexandre**...

Des del meu punt de vista, una manera de fer pedagogia independentista és la de referenciar Catalunya no amb aquest invent infumable de les Comunitats Autònomes, que no deixen de ser res més que las *grandes regiones* que en el seu moment va teoritzar l'Ortega Gasset, per tal de procedir a una homogeneïtzació del territori estatal i a la seva espanyolització, sinó amb els estats sobirans dels nostre entorn, i més concretament, els que pertanyen a la Unió Europea.

A mi, realment, em produeix incredulitat el fet que sovint pensem que estats com Lituània, Estònia, Txèquia o Bulgària, es troben en una dimensió sideral a anys llum de nosaltres, quan de fet Catalunya, si fos independent gaudiria d'uns nivells de benestar socioeconòmic immensament superiors i d'una potencialitat que ara per ara resta frustrada per la nostra subordinació a Espanya, per l'espoli fiscal i, sobretot pel rentat de cervell mediàtic a que ens matxaquen constantment entre la "roja" i la "brunete" mediàtiques.

Aquests darrers dies, a més a més de cagar-me en l'estat d'Israel, perquè amb l'Holocaust de Palestins que està cometent, està posant en perill totes les ciutats occidentals - atès que, per raons òbvies, és molt més fàcil cometre un atemptat a Barcelona o a València, que a Jerusalem o a Tel-Aviv, per exemple, si es té la voluntat de fer-ho- i pels islamistes som el mateix, és a dir, infidels, m'he dedicat a mesurar, de forma totalment amateur, quina seria la posició d'una Catalunya independent, en el rànking dels estats europeus, sobretot pel que fa al Producte Interior Brut per capita (PIBpc). I ho he fet, malgrat no ser economista, en base a les dades que dóna la polèmica revista *The Economist,* i més concretament, del seu reconegut anuari *The World in 2009.*

Una Catalunya independent, comptant només els tres grans territoris històrics que la formen, deixant de banda, doncs, els territoris més petits, per raons estrictament de manca de fonts estadístiques, tindria **13 milions d'habitants** oficials (7.2+4.8+1.0) i un PIB de 482 miliards (milers dc milions) de dolars (que representa el 30,5% del PIB espanyol: 18+10+2.5). Ara bé, si eliminem l'*efecte espoli*, que afecta de forma dramàtica l'economia dels tres territoris històrics (10-3-12), el PIB seria de **522,7 miliards de dolars**. D'aquesta manera, el PIBpc de la Catalunya independent seria de **40.207 dolars**, molt per damunt dels 34.450 dolars actuals que hi ha a l'estat espanyol. A més, ben segur que la Independència incentivaria un creixement econòmic en àrees que actualment ens estan, com qui diu *vetades* -per exemple, la indústria militar- o amb la instal.lació d'ambaixades i els efectes culturals, econòmics, polítics i mediàtics que comporten, per la qual cosa, ben probablement, el creixement del PIB encara seria superior.

En quina posició ens deixen les magnituds (població, PIB i PIBpc) que he presentat fins ara? Vegem-ho.

Si ens referim a només als 27 estats de la Unió Europea tenim el següent.

Pel que fa a la **població**, seríem el 9è estat, per damunt d'altres com Grècia, Bèlgica, Portugal, Suècia, Àustria, Hongria, Bulgària, Txèquia, etc. L'estat situat immediat per damunt nostre és Holanda (16.5 milions).

Pel que fa al **PIB global**, Catalunya ocuparia un magnífic 8è lloc, per davant de Bèlgica, Romania, Àustria, els estats escandinaus, Grècia, Portugal, Irlanda, etc.

Finalment, pel que fa al **PIBpc**, seríem l'10è estat de la UE, lleugerament per damunt d'Itàlia i del Regne Unit, i clarament per damunt d'Espanya, Polònia, Grècia, Portugal, etc. Immediatament per damunt nostre es trobarien Alemanya (41.000), i França (43.900). Val a dir que són estats de mesures semblants a Catalunya, tals com Bèlgica, Holanda, Suècia o Àustria, els que se situen al capdamunt d'aquest rànking particular, fet altament indicatiu.

En definitiva, es pot ben bé considerar que una Catalunya independent tindria un notable protagonisme a nivell de la Unió Europea, i el seu nivell de vida, de benestar, seria immensament superior a la decrèpita situació actual. Avui en dia Catalunya no existeix a la UE. Naturalment d'aquesta nova situació tots els ciutadans catalans, independentment del seu lloc de naixement, en sortirien beneficiats.

Qui en sortiria ben malparat, naturalment seria l'estat espanyol que cauria en tots els rànkings esmentats de manera dramàtica, i també en l'escena internacional, on s'acabaria amb la tonteria d'aspirar a ser membre de l'èlite mundial (G8), que si ara en té alguna possibilitat és únicament i exclusiva perquè compta amb el 92% del territori català sota el seu control, però no per res més.

Sóc conscient que, tècnicament, les xifres que dono són, en tot cas estimacions, (tret de les de la població, que són exactes, tot i que arrodonides) i no pas realitats. Però no penso que aquestes últimes s'apartin gaire de les que proposo, i en tot cas, el que és important és la tendència, i aquesta és claríssima que una Catalunya independent es trobaria en el terç superior de la UE.

Voleu algun argument més contundent per donar suporta a la Independència?

Aprofito l'avinentesa per desitjar-vos Bon Any 2009, que ens porti més a prop de la Independència!

NOTES

(1) Pulido, Javier, (1985), "La *catalanofobia*, expresión ideológica de masas del espanolismo" (http://www.cut-bai.org/catfob.htm)

(2) Benet, Josep, (1995), **L'intent franquista de genocidi cultural contra Catalunya**, Barcelona, Publicacions de l'Abadia de Montserrat.

(3) (http://www.europarl.cat)

(4) (http://arasocdelajax.blogspot.com)

(5) (http://blocgran.cat/?p=148#comment-1039)

(6) Busquets i Grabulosa, L.-Xirinacs, Lluís M., (2000), **Plantem-nos**, Barcelona, Proa.

(7) Kagay, Donald J., (2007), **War, Government, and Society in the Medieval Crown of Aragon**, Variorum. Pgs. 57-97.

(8) (http://www.causes.com/causes/112909?m=0d43bb06).

(9) The Economist, (2008), *"Spanish Devolution: How much is enough?"*(6.11) , (http://www.economist.com/specialreports/display story.cfm?story_id=12501023)

ÍNDEX DE NOMS

DE L'AUTOR

JOSEP SORT i JANÉ (Barcelona, 1964)

Blocaire des del 2003. Membre de la *Xarxa de Blocs Sobiranistes* i dels *Blocs amb Estrella*. Col.laboro també amb *Llibertat.cat*, el col.lectiu *Criteri* i amb *Annanoticies*.

He escrit diversos llibres: *L'ombra del poder. Un estudi sobre el nacionalisme espanyol* (1995) (traduït al gallec, 1997), *Quebec, de poble a país* (1996), *Catalunya e federalismo* (1997, en italià), *Quebec* (1998). Com a co-autor, he publicat *Canadà divisible. L'autodeterminació del Quebec* (2002), *Diguem No* (2005) i *Elogi de la transgressió. Identitat nacional i desraó d'estat* (2007).

Actualment sóc professor i investigador a la Universitat Ramon Llull. Doctor i Llicenciat en Ciències Polítiques, Llicenciat en Història i Màster en Anàlisi Política. He estat professor de normalització lingüística i coneixement del Medi a diversos ICE,s.

La meva militància social i política es remunta a la Crida a la Solidaritat (1983-86), Assemblea d'Estudiants Independentistes d'Universitat (AEIU, 1984-89), MDT i Catalunya Lliure (1986-90) i Bloc d'Estudiants Independentistes (BEI, 1988-90).

Afiliat a la Intersindical-CSC, i ja el 2009, a Reagrupament. En la seva Primera Assemblea Nacional, vaig ser escollit membre de la Junta Directiva Nacional.

www.ingramcontent.com/pod-product-compliance
Lightning Source LLC
Chambersburg PA
CBHW022130170526
45157CB00004B/1819